近代名人文库精粹

文库精粹

文廷式 苏曼殊

文廷式 苏曼殊⊙著

陕西新华出版

太白文艺出版社·西安

图书在版编目（CIP）数据

近代名人文库精粹. 文廷式 苏曼殊 / 刘东主编；
（清）文廷式，苏曼殊著. -- 西安：太白文艺出版社，
2017.10（2024.5重印）
ISBN 978-7-5513-1297-4

Ⅰ. ①近… Ⅱ. ①刘… ②文… ③苏… Ⅲ. ①文廷式
（1856-1904）－文集②苏曼殊（1884-1918）－文集
Ⅳ. ①Z425

中国版本图书馆CIP数据核字(2017)第237426号

近代名人文库精粹：文廷式　　苏曼殊

JINDAI MINGREN WENKU JINGCUI: WEN TINGSHI　　SU MANSHU

著　　者	文廷式　苏曼殊
主　　编	刘　东
责任编辑	荆红娟　姚亚丽
封面设计	揽胜视觉
版式设计	刘兴福
出版发行	太白文艺出版社
经　　销	新华书店
印　　刷	三河市嵩川印刷有限公司
开　　本	700mm×960mm　1/16
字　　数	200千字
印　　张	13
版　　次	2017年10月第1版
印　　次	2024年5月第2次印刷
书　　号	ISBN 978-7-5513-1297-4
定　　价	49.80元

目 录 Contents

文 廷 式

诗 篇

词 篇

日　记

苏曼殊

诗　歌

小　说

杂　论

文廷式

作者简介

文廷式（1856—1904）　近代词人。字道希，号云阁，一作芸阁，又号芗德，又号罗霄山人，晚号纯常子，江西萍乡人。光绪八年（1882）举人。光绪十六年（1890）进士，授编修之职。曾赞助维新变法，与康有为、梁启超组织过强学会。后因涉及宫廷斗争，被人陷害，革职回乡。戊戌变法失败后，逃亡日本两年，深受日本学者推崇。归国后潦倒不堪，以佛学自遣，同时从事著述。博通经史，融各派学术，被称为杂家。工骈体文，尤长于填词，多忧时伤政，词风雄健豪放，于清代浙西、常州两词派之外，独树一帜。论诗不主唐、宋，时有新意。被朱祖谋推许为"拔戟异军成特起"，"左傲故难双"。有《文道希先生遗诗》《云起轩词》《纯常子枝语》《闻尘偶记》问世。

诗　篇

和杜写怀二首

　　儒生亦何知，南北问方俗。路遥鸟翾倦，书重牛腰束。中原经乱后，十室鲜丰足。羯羠商贾叹，斫削赢老哭。司农算琐屑，幽隐殊未烛。四郊况多垒，志夺卿士辱。倾国营骄军，刮血嗜莺粟。起徒送骊山，征兵戍函谷。譬如伐条枚，不及待荑绿。小人竞利欲，达士媚幽独。治外气转虚，求径道逾曲。代斫非所怀，何人为司牧？

　　孤灯照旅馆，危坐但抱膝。春寒寡人事，不出近十日。怀古信渊源，涉世少俦匹。陈蕃有遗言，安能事一室？纵心笼宇宙，所悲岁月疾。结网感悬蛛，处裈笑微虱。八极浩无外，我志未易毕。变局开与闭，瞑目黑似漆。贾生年弱冠，论事爱逞笔。五饵制匈奴，咄哉意不密。改弦利因时，粥粥齐琴瑟。拥衾梦前圣，严更静衢术。

谈　仙　诗

　　湘阴郭芊庵言楚中神仙，晋有陶真人，元明有李真人、麻衣孝子之流，皆以肉身成道。道光间又有昭显真人者，陈姓，业缝衣，事亲孝，后忽得道，坐化山中，其尸不腐，乡人奉之。咸丰间以护城功封今号，近乃有强植枯腊，拟为登仙者，惑乃滋甚，略述名理，率尔成篇。

　　吾观辍耕录，始知木乃伊。倭人释四草，亦复详论之。身殁借药力，犹能千岁支。天竺重佛法，今犹有留遗。往往一入定，不寒而不饥。顶为鸟雀集，目若帘幕垂。弹指无罔明，游山非远师。欲待后佛出，其事多然疑。牛

亨问物理，百昌本无知。西人谓草木，要复能睡痴。感动其寐性，不烦雨露滋。久久方唤醒，荣华未尝衰。楚俗好神仙，传派尤瑰奇。自晋迄今日，代有不朽尸。针刺即血出，日积还生髭。里间竞崇奉，雨旱时襀祈。朝命列祀典，民欲天不违。巫风遂成俗，乱扬冢中髑。虫出口鼻间，乃复弃路睡。开棺有严禁，当用国法治。至人在天壤，与世无成亏。小藏形无内，大挥霍两仪。利己或由聃，御民或轩羲。贾人或为帝，室女或生儿。骑牛竟西行，攀龙杳难追。十字困雅素，双林病末尼。来如希有鸟，去如焫生芝。四大凑合身，何用自保持。就使更忆龄，终返微尘微。朽灭同众人，大道信坦夷。三宿辄留恋，毋乃识者嗤。嗟彼数子者，此病谁能医。痈疽不决溃，休息尚未期。青宁则生程，腐草为螭飞。万形递相嬗，造化无停机。乌鸢与蝼蚁，何不檀施为？胡为袭文绣，有若太庙牺。倚社群祀栎，折草共撲蓍。将无鬼神守，或为狐魅依。翘然异万形，岂谓和天倪。或云品汇物，大梵所儿嬉。搏之莫能散，响之莫能吹。不亡以待尽，久亦不得辞。或云山泽癯，炼精若凝脂。筋骸固结束，刀斧难刻劖。火传薪不烬，日出露未晞。因缘时节至，脱然方得归。落叶覆其根，宁能忆来时。举目皆方圆，勿個矩与规。钬心有仁义，乘愿宏慈悲。星月何高高，吾宁所处卑。夜深鼠啮案，寒灯照空帷。纵论俯仰间，躔度密已移。素位可自得，前哲不吾欺。

暇阅西方史籍于二百年内得三人焉其事或成或败要其精神志略皆第一流也各赞一诗以写余怀

俄罗斯帝大彼得

烛龙耀神彩，北极灵象回。守成古所难，乃独生斯才。逊荒艺术就，徙宅文明开。积锢铲畴昔，英声召方来。壮图促颓龄，未及宇宙恢。遗言藏册府，吁此人生哀。

法兰西帝拿破仑第一

布衣登皇极，智勇实盖世。森然定国律，察物成达例。风厚鹏方徙，运移骓不逝。百战奋英谟，六合启幽翳。疾雷振山海，身败名不替。永怀百世下，宜有金轮帝。

美利坚总统华盛顿

昊天育群生，君贵民不贱。奈何大宝贪，遂使浇风扇。猗人起末世，至德符龙变。立国赖神功，辞职鲜余恋。规模良足多，继纂倘能善。长吟大风歌，慨想伊祁禅。

感 事 二 首

大钟遗虡犹，金牛辟蚕丛。内政苟不修，曷贵道里通。蠢愚既启悔，弱昧亦召攻。举事无定是，所分昭与聋。轩辕去以久，天道固不公。块然龙象姿，乃为鞭絷佣。

古来名家言，得失亦参半。白马非马软，语变资笑粲。微闻核名实，抚卷独兴叹。求成谓之和，徒令武臣玩。割地讳言租，民气愈消散。饰词安其危，何以起衰懦。越朝非真王，缅贡由互换。百年多失计，二事可并案。

畅志诗十首 录五壬辱秋日作

高柯陨劲风，埼岸水所啮。虽非明自煎，常恐刚则折。所以五千言，

卑下实要诀。受生自有分，吾意终稍别。诗人美山甫，保身固明哲。持己力威仪，补衮仗名节。吐刚而茹柔，信非儒者说。吁嗟广戒徒，宁待斧钺绝。苦寒恋敝襦，迷行求古辙。清泉出岩阿，漱之誓芳洁。

九衢骋车马，日夕亦不止。昌黎叹浮生，多涂共趋死。贪愚良足哂，贤达岂得已？君看松柏姿，凌寒逾茂美。一朝作梁栋，世泰身则否。太虚本洞然，浮云讵能滓。小草与远志，出处偶然耳。逐逃敢安步，救弱必濡己。临机忽惆怅，欲向巫咸子。

昆仑仙人居，五城十二楼。绝顶凌万国，洪波分九流。黄帝建元宫，穆满复来游。岂为耽荒乐，实以威遐陬。鸾凰不复鸣，千载何悠悠。遂令大秦珠，高挂悬圈头。吾欲驰天马，登高览神州。惊飙卷流沙，四顾无匹俦。王母倦披图，徘徊宴青丘。折轴陟危坂，憬然不可留。仰瞻辰星辉，且发商声讴。

爱居集国门，何尝慕钟鼓？孔雀生南荒，焉能惜毛羽？衡门有贤士，志不在圭组。运穷习诗书，所愿博升斞。朱门敞琼筵，赤日卓当午。前庭罗琛琲，后堂厌歌舞。千箱万筐箧，终为何人聚？高明诚多幸，将毋鬼神怒。

凉秋三日霖，庭潦不得干。孤灯焰转薄，落叶粲以繁。昔我同怀友，或已归桐棺。宿草虽早列，遗书终不刊。或沈百僚底，或宿云岩端。趋舍各异路，盟心共艰难。往往青霞气，夜逼星斗寒。漂摇风雨间，何处求巢安？良时会可待，微禄不愿干。庶凭弥天网，用回大海澜。

缚鸡行 用杜少陵原韵

哺雏不肥责鸡惰，撒糠无几令鸡争。鸡求苟活人得利，终亦不免相烯烹。造化赋形偶欺薄，为人豢牢岂殊缚？吾将使鸡化凤凰，来集梧桐在阿阁。

题埃及断碑为伯希祭酒作

　　昔闻造字始仓颉，其次为梵为佉卢。左旋右旋纵各异，大抵必备于六书。云何回梵文，略似虫迹污。花纹云篆具一体，别以记号何粗疏。西天雄整女直秀，番夷缅甸多萦纡。字母稽华严，谐音问西儒。但能以声写胸臆，象形会意指事之义嗟已无。国家威凌惮四表，声教所暨穷天枢。三十六体隶译馆，古碑更出西南隅。谛观波磔若不识，十有四格左转存形模。如堂如室如门屏，如绳如纽如盘盂。像人像物各有意，绘鸟绘兽态则殊。绝非三合四合乃成字，音读不借阿伊乌。传闻比碑颂功德，彼国再释犹模糊。都统郎君世莫辨，砮砮遏碑二体谁能呼。比文奇古尤可爱，延阁广内合并储。一画肇初效龟鸟，八体并列兼虫殳。侏离恍听骠国乐，俨雅若披王会图。长吟远想忽太息，愿君足此勿问奇肱车。

鹰

　　郁郁冲霄汉，吾知顾盼豪。风云长在足，搏击未辞绦。此去翔寥廓，何时见尔曹？向来飞动意，平蹴九天高。

双 莲

弭节辞金阙，闻香隔绛河。双莲龙女怨，都荔汉宫歌。苹末风初起，杨枝露若何？犹然倚阊阖，未敢托微波。

潞 水 舟 次

春色在杨柳，北风犹峭寒。城阴连岸暝，浦浪激云宽。蔬少厨人计，钟残旅梦安。箧书留谏草，未折寸心丹。

辛 丑 新 年

谪籍栖迟久，颓波感慨频。新年增白发，故国满青磷。星朗空江夕，花浓小槛春。迂生谋已拙，窥管验勾陈。

谁解横刀出，真成下殿趋。亡秦三户在，哀郢两门芜。日月回元运，风云感圣谟。会闻哀痛诏，寰海庆昭苏。

闻　道

闻道崆峒使节回，众仙同会集灵台。天河翠浪销兵气，内苑祥风滟寿杯。织就锦鲸铺席罢，诏将丹凤送书来。何因玉女窗扉近，还向胡僧问劫灰。

丙申除夕戏题

日月随天竟左旋，中原犹是太阴年。虚舟已自能藏壑，激箭何须叹逝川。玉斝频斟千日酒，金丹还傲十洲仙。债台高矗青云表，不要渠家压岁钱。

感　事

当年铁骑重防秋，此日天骄踞上游。都护不须忧己地，司徒直议弃凉州。十年输泻空民力，一纸图书信鬼谋。博望槎回应有意，卢龙卖尽始封侯。

追　忆

漂泊江潭未有期，凤楼龙堞梦参差。霓裳夜奏通三殿，羽檄晨飞又一时。事险几同狐截尾，名高不望豹留皮。冬郎别有伤心处，漫拂朝冠尽泪垂。

中 秋 夜 作

桂魄销沈夜气寒，螭龙愁掩水晶盘。山阳下国成名异，湘水微波寄迹难。海阔倘容精卫塞，心孤惟共晚枫丹。不须更听邻家笛，白露庭楸恨自漫。

落　花

三月春光已路歧，夕阳欲下故迟迟。风云方起天犹醉，荆棘满庭人未知。华表鹤归犹仿佛，石门燕啄自逶迤。曹公信有豪英概，为听胡箝赎蔡姬。

锦瑟凄凉不上弦，平芜漠漠总生烟。罗平衅起闻妖鸟，蜀道魂归化杜鹃。愁绝更无天可寄，恨深才信海能填。铜仙热泪消磨尽，况感西风落叶蝉。

高楼送客几沉吟，雨横风狂直至今。三月焚秦非浩劫，千年思沛亦雄心。关门不限金微远，山色惟怜玉垒深。叵耐玉人消息断，堆烟帘幕总沉沉。

翩然青鸟下瑶台，萧瑟蛾眉亦可哀。运去六龙成代谢，年衰八骏可重回。灵和柳色朝朝变，玄武签声夜夜催。早晚人间金碗出，昆明休问劫前灰。

转征移宫调苦辛，徘徊重向曲江滨。莫随流水终归海，尚有余香不绝尘。吴苑风光看草长，楚骚哀怨有兰纫。一声么凤临窗曲，愁绝青门道上人。

驻颜无奈水千波，写恨聊凭墨十螺。结绮楼成吴客至，阿房宫迭楚人过。神山樱蕊奇光吐，海外玫瑰宝靥多。一样春光感摇落，南强北胜误人何。

鸟道鲸波莫问途，吴宫楚幕共巢乌。有情湖畔三生石，无用楼东十斛珠。清暑殿边开菡萏，龙山会上把茱萸。萧疏葵麦重来处，赢得刘郎一叹吁。

曾与松筠共岁寒，愁红怨紫不堪看。邯郸道上无遗枕，神武门前早挂冠。月缺尚应怜顾兔，云深何处觅青鸾。伤春感事浑如梦，便拟还山习大丹。

庚子七月至九月感作

谁言国弱更佳兵，其奈狂王愤已盈。铁骑晨冲丹凤阙，金舆宵狩白羊城。何人能届横流决，今日真怜大厦倾。无分麻鞋迎道左，收京犹望李西平。

北狩烽烟越几时，西行旗鼓更堪悲。朝廷衮职尊蓝面，河朔军符授赤眉。目断汾流惟雁过，心惊沧海有龙移。孤臣泪洒荒江畔，忍痛新裁变雅诗。

涪潼形胜本天然，王气消沉九百年。但使东南漕底柱，漫愁烽火彻甘泉。羽觞露浥瑶池宴，仙掌晴开玉井莲。回首乌龙江上月，秋山清泪泣

铜仙。

燕秦莽莽旧山河，到此谁挥落日戈？未必平原头可匣，更无延广剑横磨。漫天风雪尧年冷，误国衣冠宋鹊多。前后沉扬宁得料，霜晨揽镜未蹉跎。

幽　人

幽人杖策江头立，潮去潮来变古今。晋代衣冠半南渡，汉家城阙又秋阴。鲸鲵跋浪连山蹙，虎豹当关白日沉。曾记敷衽谒虞舜，浮云西北此时心。

夜坐向晓

雪意不成晴，晨光黯如梦。寥阒课天心，愿与斯人共。
遥夜苦难明，他洲日方午。一闻翰音啼，吾岂愁风雨。

临　帖

不似何必临，太似恐无我。遗貌取其神，此语庶几可。

春 晚 偶 占

　　丝雨蒙蒙湿九州，碧阑干外迥生愁。人间苦有琼箫怨，不遣沧波入海流。

　　群花无力斗春寒，迟暮园林怯晚看。行过苔阶重回首，他时曾惜一分残。

久 雨 绝 句

　　每因屋漏起移床，旋见沤浮似水乡。谁向天门抉沈翳，六龙晓色照扶桑。

拟 古 宫 词

　　鹁鸪声催夜未央，高烧银烛照严妆。台前特设朱墩坐，为召昭仪读奏章。

　　富贵同谁共久长，剧怜无术媚姑嫜。房星乍掩飞霜殿，已报中宫撤膳房。

　　椽笔荒唐梦久虚，河阳才调问何如。罡风午夜匆匆甚，玉几休疑未命疏。

鼎湖龙去已多年，重见昭丘版筑篇。珍重惠陵纯孝意，大官休省水衡钱。

金屋当年未筑成，影娥池畔月华生。玉清追著缘何事，亲揽罗衣问小名。

河伯轩窗透碧纱，神光入户湛兰芽。东风不解伤心事，一夕齐开白奈花。

藏珠通内忆当年，风露青冥忽上仙。重咏景阳宫井句，菱干月蚀吊婵娟。

各倚钱神列上台，建章门户一齐开。云阳宫近甘泉北，两度秋风落玉槐。

词 篇

临 江 仙

岭外寻春春景异，木棉处处开花。橹声人语共咿哑。蛮神依桎栝，水市足蚝虾。一曲招郎才调好，闲听蜑女琵琶。剪风丝雨送归鸦。近来情性别，不吊素馨斜。

浣 溪 沙

缥缈眉痕忆远山，一春愁思不曾闲，断云只在有无间。　　原是花身应惜惜，犹凝竹泪记斑斑，小楼今夜恰轻寒。

八 声 甘 州

送志伯愚侍郎赴乌里雅苏台参赞大臣之任

响惊飙、越甲动边声，烽火彻甘泉。有六韬奇策，七擒将略，欲画凌烟。一枕蒪腾短梦，梦醒却欣然。万里安西道，坐啸清边。策马冻云阴里，谱胡笳一曲，凄断哀弦。看居庸关外，依旧草连天。更回首、淡烟乔

木，问神州、今日是何年？还堪慰，男儿四十，不算华颠。

浣溪沙·旅情

畏路风波不自难，绳床聊借一宵安，鸡鸣风雨曙光寒。　　秋草黄迷前人渡，夕阳红入隔江山。人生何事马蹄间？

祝英台近

剪鲛绡，传燕语，黯黯碧云暮。愁望春归，春到更无绪。园林红紫千千，放教狼藉，休但怨、连番风雨。　　谢桥路，十载重约钿车，惊心旧游误。玉佩尘生，此恨奈何许！倚楼极目天涯，天涯尽处，算只有、濛濛飞絮。

三姝媚

王幼霞侍御见示春柳词，未及奉和，又有送行之作，赋此阕答之。

莺啼春思苦。看湖山纷纷，尚余歌舞。折柳千丝，殢酒痕犹沁，锦襟题句。倚遍危阑，淡暮色、飘残香絮。似绣园林，一霎鹃声，便成千古。

当日花骢联步。共游冶春城，踏青归路。夜半承明，听漏声疑在，万花深处。可奈东风，吹不散，浓雾凄雾。好记灵和旧恨，清商自谱。

翠楼吟

岁暮江湖，百忧如捣，感时抚己，写之以声。

石马沈烟，银凫蔽海，击残哀筑谁和？旗亭沽酒处，看大觞风樯峨舸。元龙高卧。便冷眼丹霄，难忘青琐。真无那！冷灰寒柝，笑谈江左。

一笴，能下聊城，算不如呵手，试拈梅朵。苕鸠栖未隐，更休说、山居清课。沈吟今我，只拂剑星寒，歆瓶花妥。清辉堕，望穷烟浦，数星渔火。

好事近·湘舟有作

翠岭一千寻，岭上彩云如幄。云影波光相射，荡楼台春绿。

仙鬟撩鬓倚双扉，窈窕一枝玉。日暮九疑何处？认舜祠丛竹。

西 江 月

削竹闲裁菊枕，煮茶自洗椰瓢。一灯摇梦雨萧萧，苕院更无人到。

世翳已除眼缬，愁尘不上眉梢。布衣来往秀江桥，休问五陵年少。

迈陂塘·惜春

任啼鹃、苦催春去，春城依旧如画。年年芳草横门路，换却王孙骢马。愁思乍，甚絮乱丝繁，又过寒食也。残阳欲下。好飞盖西园，玉觞满引，秉烛共游夜。　　琼楼迥，孤负缄词锦帕，铜仙铅泪休泻。落红可及庭阴绿，付与流莺清话。歌舞罢，便熨体春衫，今日从弃舍。雕鞍暂卸。纵行遍天涯，梦魂惯处，犹恋旧亭榭。

霜　叶　飞

丁酉冬间，闻粤中故人如叶兰台、陈孝直、陶春海辈先后凋谢。余少长岭南，一时名流咸得款接。如许涑文侍讲、颜夏廷兵备，则父执也。李仲约侍郎，久相识，后为余朝考师。张延秋、姚柽甫两编修，林杨伯、明仲两主事，许天倬副贡、陈庆笙秀才诸人，并文酒追从，乐数晨夕。十余年来，仅有存者，新阡宿草，杳漠何期。诚知天道变衰，早死未为不幸，特文字之习犹不能忘。海上客游，为填此阕，谱入笛声，当不减山阳之赋也。

海风吹老欹檐树，幽窗凉夜偏早。前尘依约越中山，问甚时重到？忆俊侣英游不少，金鞍宝马呼鸾道。更珠江浩渺，良月滟笙船，众花齐映欢笑。　　因甚耆彦风流，十年前后，新坟尽长秋草？江山满目泪沾衣，是而今怀抱。算不及、魂归朱鸟，波涛万顷珠沈了。待近约、梁鸿去，踏遍千山万山斜照。

鹧鸪天·赠友

万感中年不自由，角声吹彻古梁州。荒苔满地成秋苑，细雨轻寒闭小楼。　　诗漫与，酒新篘，醉来世事一浮沤。凭君莫过荆高市，溮水无情也解愁。

永遇乐·秋草

落日幽州，凭高望处，秋思何限？候雁哀鸣，惊麏昼窜，一片飞蓬卷。西风万里，逾沙越漠，先到斡难河畔。但苍然、平皋接轸，玉关消息初断。　　千秋只有，明妃冢上，长是青青未染。闻道胡儿，祁连每过，泪落笳声怨。风霜未改，关河犹昔，汗马功名今贱。惊心是、南山射虎，岁华易晚。

采　桑　子

水西山北闲游处，翠盖招凉。红袖拈香，雁外鸥边易夕阳。

石床自扫松阴冷，卧想秋江。几许清狂，潘鬓年来也自霜。

点绛唇·避暑

扇力微微，晚风乍喜吹衣带。兰台赋在，一霎炎光改。　　莳竹当窗，画意凭谁会。吟天籁。琴声自解，曲罢龙归海。

河　传

宵静，灯烬，月临窗，瓜架虫声送凉。怨君忆君清漏长。罗裳，近来销旧香。　　锦字书成情默默。亲手织，要胜春花色。茧多丝，柳多枝。罘罳，晓风千里吹。

长　相　思

钿箜篌，纤指柔。一曲吴歌不上喉，时时饧倦眸。锦缠头，金带钩，细喘轻鼙博得不？谁知离别愁。

浣 溪 沙

曲曲阑干淡淡云，兰仪蕙质杳难分。卸钗声溜隔帘闻。　　酿雪庭阴愁意绪，听香床角倦嚬呻。不成幽梦枕微温。

虞 美 人

乙未四月作

无情潮水声呜咽，夜夜鹃啼血。几番芳讯问天涯，不道明朝、已是隔墙花。夕阳送客咸阳道，休讶归期早。铜沟新涨出宫墙，海便成田，容易莫栽桑。

念 奴 娇

一村临水，乍迎风含笑，野桃春媚。秾艳波光相映发，惆怅无情有思。燕子不来，东风容易，目断芳尘委。高鬟愁极，更烦筝响料理。

休说前度刘郎，重来不见，锁赤城霞气。路转峰前征骑影，咫尺便迷千里。芳草连云，岩花拂袖，驿馆空庭闭。梦来无寐，庾词聊托麻纸。

夜 游 宫

疏雨困眠孤馆。薄衾冷、漏签时断。湿羽投林鸟已倦。敛秋心，白云岩，黄槲岘。瑟瑟湘波远。动吟思。楚歌声怨。浊酒深杯且自劝。渺关河，意难忘，君试忖。

高 阳 台

和半塘、乙盦韵却寄

灵鹊填河，惊乌绕树，秋来一样心期。帘额风轻，金垆篆袅香微。云楼雾幕参差起，黯瑶情、未许人知。写银笺、四角中央，难寄离思。凄凉茂草褰衣处，尽江河日暮，泪下连丝，猛拍阑干，凭他蝶醒莺痴。重阳萧索青芜国，恁霜寒、篱菊能支。莫教人、划尽琼华。留映新眉。

阮郎归·湘舟即事

玳筵别洒未曾醒，飞帆过洞庭。哀猿啼急雨冥冥，君山何处青。木叶下，蕙兰馨。婵媛帝子灵。十年踪迹楚江萍，烦君鼓瑟听。

诉 衷 情

湖壖水退，衰草冬晴。来时渺漠无涯之境，不知何往矣。篷窗暇笔，为赋此词。

人间日日有沧桑，湖草只寻常。依然旧日鸥鹭，便换水云乡。偎纸帐，对茶枪，细思量，月华金镜，风卷银涛，一样潇湘。

点绛唇·重九

风紧天高，兴来欲射云间雁。平芜楚甸，漠漠清霜染。　　不省题糕，也少悲秋伴。登临健，兰芳菊艳，高想横汾宴。

卜算子·水仙花

香静玉盘安，影薄银屏绕。白石清泉偶遇之，不碍花光小。唱彻大江东，此意无人晓。若见湘皋解佩时，我自拌花恼。

鹧鸪天

蝶梦蘧然别有天，蝇钻故纸几何年。在山远志何如草，入世忘忧不藉萱。　　身外物，句中玄。一回揽镜一欣然。川如碧玉山如黛，不是吴儿也叩舷。

忆江南·咏雪

天欲暮，旋觉白光寒。银阙半空俄隐现，琼林万树各飞翻。何处是三山。　　行且止，茸帽据征鞍。任是梅花开遍也，不曾春梦落人间。诗思已阑珊。

清平乐·有忆

画罗双凤，素舸曾相送。一夕梨云无好梦，帘外月明如汞。
桃根桃叶谁怜，江南好暮秋天。赢得楼头指点，木兰可是郎船。

贺 新 郎

丙戌都中，与汪莘伯联句之作。迄丙申秋，乃于汉口志仲鲁前辈书中得此故纸。词虽不工，姑录存之，以志鸿爪。

天末春将老。过清明、海棠开罢。柳绵吹少。（道希）几日子规啼不住，怅触离人怀抱。（汪兆铨莘伯）看一片，粘天芳草。（道希）绿到平芜将尽处，又斜阳、云外青山绕。空望远，长安道。（莘伯）　故人此际应西笑。还念我、麻衣饮墨，缁尘扑帽。（道希）十载词场供跌宕，赢得中年近了。（莘伯）况岁晚、江湖潦倒。豪竹哀丝苍生志，尽昂头、付与苏门啸。龙气在，鸿飞杳。（道希）

沁 园 春

若有人兮，在彼山阿，澹然忘归。想云端独立，带萝披荔，松阴含睇，乘豹从狸。且挽灵修，长怀公子，薄暮飘风偃桂旗。难行路，向石茸扪葛，山秀搴芝。　最怜雨晦风凄，更猿狖宵鸣声正悲。怅幽篁久处，天高难问，芳蘅空折，岁晏谁贻。子或慕予、君宁思我，欲问山人转自疑。归来好，有华堂广宴，慰尔离思。

念 奴 娇

衣瓜夏五，试于阗新乐，柘枝蛮鼓。七宝楼台弹指现，乍染缤纷花雨。钏动声轻，钗横光颤，宝靥明星互。天河不隔，盈盈咫尺无语。

为问拾翠洲边，明珰未解，可要陈思赋。结绮临春朝复夜，赢得东昏千古。海绿非春，云香何叶，回首蘅皋暮。维摩病也，凭谁问讯天女。

蝶 恋 花

细雨轻尘春窈窕。看尽红嫣，自觉孤芳好。系马垂杨临大道，更无人处多幽草。　　六曲屏山归梦绕。油壁香车，何计迎苏小。纨扇无情金钿杳，高楼日日东风老。

金 缕 曲

把酒为君寿。论世间、高名曼福，似君稀有。但使雍容平进取，黑发便跻台斗。况才力、渊涵地负。默数吾乡谁健者，定琼琚、玉佩追欧九。曾小试，揽天手。　　周南留滞今非久。却回顾、天吴罔象，涛飞山走。指点齐州烟点外，朱鸟回吟霜咮。震大地、洪钟一吼。唤醒市朝红紫梦，看东方、耿耿苍龙宿。天莫醉，赐鹑首。

钗 头 凤

娇波溜，纤腰瘦。仙裙百幅香罗皱。乘鸾舞，流莺语。瑶觞飞赠，修罗天女。举，举，举！　　花簪钮，瓜盛斗。绿云深处重携手。青冥路，神仙侣。几时清听，天风琴谱。许，许，许！

醉 太 平

征衫酒浇，香衾梦遥。阳关西叠魂销，折长亭柳条。　　年光易凋，山川自辽，行人白发飘萧，过当时板桥。

浪 淘 沙

高唱大江东，惊起鱼龙。何人横槊太匆匆。未锁二乔铜雀上，那算英雄。　　杯酒酹长空，我尚飘蓬。披襟聊快大王风。长剑几时天外倚，直上崆峒。

琐 窗 寒

九江旅舍，中秋无月，风起浪飞，江声撼枕，愁不得眠，得词一首，参用周美成《琐窗寒》《月下笛》二调音节。倚声之家，未必谓然，龙吟雁哀如似相答。明晨且游庐山，以涤尘虑，故末语纪实云尔。

暑绤延凉，霜蓬点水，暮吴朝楚，闲汀沙鹭，识我惯行羁旅。响惊飙檐铁夜鸣，怨虫败壁声更若。怪素娥凄敛，深宵不放，一痕光吐。酒所，看今古，对斗柄芒寒，满江清露。琵琶自语，谁似当年白傅。倚危阑愁见浪花，海云正起郎勿渡。且淹留独玩屏风，九叠朱凤舞。

高阳台·尘

燕幕回春，蛛檐冒絮，陌头认取新妆。几日骊歌，余声犹在雕梁。回飙轻飐菱花影，有个人，宝瑟凄凉。检红笺、细写相思，泪黯千行。洛神赋后清才减，久低徊罗袜，想像明珰。香界微闻，红楼隔雨相望。重寻坏壁留题句，感潘郎，鬓已如霜。只宵来、千里云开，应共清光。

广谪仙怨

闻之唐明皇登骆谷之时，有思贤之意，是以终戡大乱，旋返旧京。余以为明皇见机，早规入蜀，故虽仓皇迁徙，而事势昭然。不然灵武之众，焉得嗣君勤王之师，孰为标目？登谷遐览，意在斯乎？屡迁而存，古有明鉴。窦康之意，今更广之。

玄菟千里烽烟，铁骑纵横柳边。玉帐牙旗逡遁，燕南赵北骚然。相臣狡兔求窟，国论伤禽畏弦。早避渔阳鼙鼓，后人休笑开天。

木 兰 花 慢

送黄仲弢前辈解官，奉亲赴大梁，即题其《载书泛洛图》。

春明门外路，看迤逦，接天涯。任当道豺狼，处堂燕雀，起陆龙蛇。莫邪。且藏匣底，饱河鱼、洛笋即为家。满载英华书画，闲吟嵩少烟霞。

京华。聚散等抟沙，世事一长嗟。是楚泽椒兰，齐邱松柏，秦国兼葭。灵槎。不浮天上，铸玲珑、无术教皇娲。他日刘郎重到，玄都认取桃花。

天 仙 子

　　曲曲阑干浅浅池，风定帘钩不止丝。玉人春睡损罗衣。云护密，月来迟。谁见风流绝代姿。

　　草绿裙腰山染黛，闲恨闲愁侬不解。莫愁艇子渡江时。九鸾钗，双凤带。杯酒劝郎情似海。

望 江 南

　　游侠好，结客过邯郸。孔雀罗裙擎玉盌，鹅儿锦帕覆雕鞍。骑出万人看。

　　游侠好，远出不须粮。偶忆蒲萄过大宛，闲寻芝草渡扶桑。何处是他乡。

　　游侠好，不愿执金吾。宝瑟歌成三妇艳，银枪舞急万人呼。赌酒更樗蒲。

　　游侠好，雄剑动星文。易水行时虹贯日，扶馀王后气成云。此局未输君。

　　游侠好，纵猎玉骢骄，金弹戏抛林外雀，珠弓曾射水中蛟，千里极萧条。

八　　归

洪流带郭，平芜纡辔，南陌乍染浓碧。斜阳浅映城阓处，犹认乱鸦催暝，飞燕愁夕。葵麦参差春色老，好料理、江湖归楫。恰难忘、载酒经过，寂寞子云宅。　　谁信苍梧路阻，凭将心事，唤醒西京铜狄，罾蛟潭底，拜鹃林下，此意无人知得。向东风捣麝，吹起香尘遍今昔。铃声紧，别愁如海，旷野星稀，苍凉歌主客。

贺　新　郎

辽东归来鹤。翔千仞、徘徊欲下，故乡城郭。旷览山川方圆势，不道人民非昨。便海水、尽成枯涸。留取荆轲心一片，化虫沙、不羡钧天乐。九洲铁，铸今错。　　平生尽有青松约。好布被、横担榔栗，万山行脚。阊阖无端长风起，吹老芳洲杜若。扶剑脊，苔花漠漠。吾与重华游玄圃，遭回车、日色晻嗌薄。歌慷慨，南飞鹊。

贺　新　郎

髯也今殊健。举世间、鸡虫得失，鱼龙曼衍。尽付庄生齐物论，一例浮云舒卷，任兰佩、多憎猘犬。白眼看天苍苍耳，古今来、那许商高算。

问长夜，几时旦？　　酒酣更喜纶巾岸。记当日、军谋借箸，尚方请剑。谁道神州陆沈后，还向江湖重见。情不死、春蚕自茧。黄竹歌成苍驭杳。怅天荒、地老瑶池宴。斜日下，泪如霰。

踏 莎 行

题明叶蕙绸《鸳鸯梦传奇》，崇祯丙子刻本。

英宪传经，光威联句。一家词赋堪千古。谁知中女更多才，铜驼别有伤心处。　　紫玉成烟，红箫未谱。一痕断砚留眉妩。仙盟佛证总无聊，薰风独据珊瑚树。

南歌子·闺情

日上红蕖丽，霜前赤枣收，莲汝在心头，郎情休更冷，未经秋。
铁鹿沈长索，金蟾啮碎香，苟令好儿郎。缄情亲寄与，耳边玱。
豆荚长紫荻，桐花未燥枝。龙笛月中吹，就中阿那意，许侬知。
鬖鬌花安髻，玲珑镜织衣。春暖蝶双飞。才醒还复睡，下罗帏。

翠 楼 吟

岁暮江湖，百忧如捣，感时抚己，写之以声。

石马沉烟，银凫蔽海，击残哀筑谁和？旗亭沽酒处，看大艑风樯峨轲。元龙高卧。便冷眼丹霄，难忘青琐，真无那！冷灰寒柝，笑谈江左。

一笴，能下聊城，算不如呵手，试拈梅朵。箬鸠栖未稳，更休说、山居清课。沉吟今我，只拂剑星寒，欹屏花妥。清辉堕，望穷烟浦，数星渔火。

春光好·新年

新酒熟，早梅妍，久晴天。贴燕粘鸡坊宅遍，又新年。　　休忆壶瀛旧事，且将诗酒随缘。家计无多生愿足，五湖船。

侧 犯

咏梅，用白石道人咏芍药韵。

乍来又去，几时得共孤山住。疏雨。对缀玉繁枝换春句。天寒倚翠袖，

杳漠无寻处。仙语。想洞户，云开暂回顾。　空阶雪凝，鹤向天风舞。应约个，美人来，华月映雕俎。信远难期，暗占花数。甲帐箫鸾，十眉重谱。

如 梦 令

乜字阑干才倚，银字筝弦亲理。临过十三行，便有惊鸿心思。年纪，年纪，可是莫愁织绮。

南歌子·咏蝶

著雨花如绣，寻芳尔最忙。夕阳影里自成双，却省是谁春梦，绕回廊。曾向仙山住，休夸绮阁妆。阿侬春倦懒颠狂。且对兰荪消受，一丝香。

少 年 行

　　日本艺妓瓢箪书来，戏题其后。日本人谓葫芦曰瓢箪。

　　清庐映雪，纤腰贴地，东日照名姝。教剥瓜犀，戏堆腊凤，情态半憨疏。　还相问，近来消息，怀得汉书无。如此壶天，尽留人住，我欲再乘桴。

34

虞 美 人

眉上雅黄钗上风，压得春愁重。竹梢清露滴阑干，中有湘娥幽泪不曾弹。
莺慵蝶倦都无赖，薄恨屏风外，博山炉子篆香熏，不信炉烟散后作行云。

玉 楼 春

南来北去经行惯，历历关河长在眼，仙山无树鹤书稀，沧海生波龙穴浅。
袖中剩有阴符卷，醉里不辞游侠传。借如李令拥旌旗，何似顾荣摇羽扇。
洞天福地何森爽，芝草琅玕日应长。浩歌华月碧山间，九点齐烟如在掌。
清狂试演霓衣唱，自扣铜钲神益王。一杯举手劝长星，江水滔滔前后浪。

念 奴 娇

答皮麓云同年见赠之作，麓云时掌教江西经训书
院，又所著有《尚书大传疏证》《尚书今文疏证》
《孝经郑注疏证》等书，故词中及之。

十三年事，似波流电激，不堪重揽。几度京华联客袂，几度江乡清
宴。虎观谈经，麟台奏赋，之子潇湘彦。枯桑海水，近来添入诗卷。呼酒

重话离情，檐花糁席，细雨孤鸿远。君自有琴弹不得，清庙明堂三叹。巾卷充街，金丝在壁，未信功名晚。幽兰花发，风乌特地徐转。

临 江 仙

伏雨初收阑槛润，葛衫蕉扇新凉。一年休负好时光，诗教蛮婢读，酒对马军尝。他日谁修舆地志，岭南即是吾乡。异名掇拾补群芳。龙牙和粥碗，莺爪压钗梁。

浪 淘 沙

半卷水精帘，漏静香添。薄寒已是换吴绵。镜里修眉天上月，比似纤纤。闲检道书签，懒卸花钿。娇羞却趁翠帷前。坐又不成眠又起，良夜厌厌。

鹧 鸪 天

王幼霞御史得其友人由江南拓寄江总残碑，因作《秋窗忆远图》，属题，为赋此阕。

壁满花秾世已更，读碑犹记擘笺名。屋梁月落怀人梦，易水霜寒变徵声。

家国恨，古今情，镜中白发可怜生。君知六代匆匆否，今夕沙边有雁惊。

鹧鸪天·即事

劫火何曾燎一尘，侧身人海又翻新。闲凭寸砚磨眷世，醉折繁花点勘春。
闻柝夜，警鸡晨。重重宿雾锁重闉。堆盘买得迎年菜，但喜红椒一味辛。

腊鼓声中醉一杯，世情不复强安排，错从蚁穴闻牛斗，自纵鹏天任燕猜。
看傀儡，卖痴呆。草头木脚满槐街。祥云辉映三千界，曾见崆峒访道来。

鬲溪梅令

咏鸾枝花

妆台长记别离时，小横枝。几度疑桃辨杏，眼迷离。玉纤匀淡脂。
女床何处觅鸾栖，未归迟。自把玉箫闲倚，月明吹，锦衾春思迷。

虞　美　人

题朱艾卿洗马同年小像

临风玉树青春里，省可青春意。画堂端笏奉安舆，不是张梨周枣赋闲

居。华芝生柱皋禽唉，便有朱霞思，男儿好好画凌烟，才称风流张绪想当年。

鹧 鸪 天

著意寻春春已阑，东风一夕转轻寒。玉骢踏遍长安陌，为恋残红小驻鞍。黄鹄举，白鸥闲。须从尘外看青山，花冠不萎天香馥，坐弄褉瀛只一丸。

上 西 楼

红愁绿怨谁家，夕阳斜，青草池塘，阁阁数声蛙。揽清镜，理残鬓，别情赊。此夜月明霜信，到天涯。

风 流 子

江楼夜眺

倦书抛短枕，江楼迥、倚槛看疏星。但峭风透幌，丽谯声急、湿烟迷渚，渔火光冥。渺何许，山芜添秀色，湘苣接馀馨。檀板自歌，一丸月暗，玉觞豪举，八表云停。沈忧无端起，哀鸿怨，举世有耳谁听？天际水何澹澹，山自青青。算沧海生桑，春归汉燕，汴堤无柳，秋老隋萤。只恐铜仙泪尽，露冷金茎。

水 龙 吟

落花飞絮茫茫，古来多少愁人意。游丝窗隙，惊飙树底，暗移人世。一梦醒来，起看明镜，二毛生矣。有葡萄美酒，芙蓉宝剑，都未称，平生志。我是长安倦客，二十年、软红尘里。无言独对，青灯一点，神游天际。海水浮空，空中楼阁，万重苍翠。待骖鸾归去，层霄回首，又西风起。

长 亭 怨 慢

和素君韵，寄远。

听黯黯、长安夜雨。那是侬家，放教归去，檠短窗虚，梦魂仿佛到江浦。愁生无定，应是有，生愁处。寄远织琼花。浑不省、凉蟾天宇。凝伫。只兰红波碧，依约谢娘眉妩。文园病也，更堪触、伤春情绪。便月痕、不上菱花，尽难忘，衣新人故。但乞取天怜，他日翦灯深语。

蝶 恋 花

一片闲愁无处著。空里游丝，直任天漂泊。望断阑干天一角，夕阳那似春魂薄。青鸟无端传密约。玉印檀痕，莫负香香诺。王母桃花开又落，彩云梦远闲池阁。

摸 鱼 儿

记瑶台、绣襦甲帐，阿侬十载曾住。檀槽一曲当筵醉，别遇散花天女。情淡泞。偏絮絮星星、向我深深诉。莲心太苦。怕如水年华，傲入心性。无地可安附。聪明错，解虑落花风雨。酒阑别样酸楚，广平那是心如铁，也拟梅花一赋。还自语。看禅榻、茶烟未称迎桃渡。离愁万缕。正清晓江潭，淡云笼月，黯黯碧空去。

减字木兰花

郴江舟中

万山明月，照我孤舟正愁绝。若待无愁，除是湘江更不流。
鸿南燕北，别后年光成惜惜。不信凄凉，看取潘郎鬓上霜。

清平乐·拟唐人

沉思梦里，一枕娇云腻。似醉如矜眠又起，的的可郎心意。

征衫别泪千行，不浣为惜馀香。夜夜相思无寐，罗帏况值初凉。

南 乡 子

题易硕甫《洞庭眺月图》

云散晚山青，又泛扁舟过洞庭。月下一声吹铁笛，凄清。只恐鱼龙不惯听。红烛夜冥冥，静写秋光入画屏。寄语幽兰兼白芷，芳馨。可解骚人万古情。

满 庭 芳

江永舟中，偕易硕甫联句，用周美成韵。

去国装轻，催年鼓叠，离人与月难圆。江寒浪浅，千里上孤烟。写出离骚古意，斫冰雪、石濑溅溅。乘风去，无归也好，同泛谢公船。下残年。怀旧隐，梅花几树。竹屋三椽。只大千云影，飞落襟前。欲倩湘灵海

若。理瑶怨、同诉冰弦，琴音悄，冯谁徵调，唤醒老龙眠。

青玉案·旅况

东风绿遍江南草。偏作客、长安道。寒入灯花愁悄悄。漏声凄紧，云容惨淡，不是天将晓。饥鼯啮案栖鸦叫。坐惜霜华镜中老。别院管弦声正闹。一惊残短梦，关心摇落，帘外花多少。

蝶 恋 花

蓦地闲愁千万叠。似絮如丝，尽向心头结。疏雨透窗灯欲灭。和衣卧听寒更彻。　　经岁悠悠鱼素绝，谁料关情，心比秋潭洁。易买华鬘天上月，难酬伫苦停辛节。

临 江 仙

我所思兮江上路，因风赠与瑶华。玉楼天半卷朱霞。飞鸿将远梦，一夜到伊家。　　强忍闲情情转切，泪痕弹湿窗纱，相思相望各天涯。知卿憔悴甚，不忍问桃花。

浣　溪　沙

云母窗中觑阿环，轻鬖仿佛认遥山。惜春春在有无间。　　颠倒无端看紫凤，然疑不定怅青鸾，寂寥情况且加餐。

点绛唇·望月

无著秋光，依空谁住山河影。灵怀修迥，只有仙娥靓。太乙朝回，玉露晨霄警。斋宫请。疏麻折尽，万岁千秋肯。

紫府清游，饥来偶啖金盘枣。灵妃窈窕，回顾罗帏笑。一段琴心。万古知音少，归来好。玩兹芳草，自写黄花照。

南　楼　令

何处秣陵春。江波送远人。感情深、泪渍红巾，未到莺啼先惜别，风水阔，隔天津。　　微雨问湖滨。斜阳吊孝陵，泛秦淮、春水方生，却想欢期浑是梦，凭绮语，驻芳尘。

虞 美 人

题李香君小像

南朝一段伤心事，楚怨思公子。幽兰泣露悄无言，不似桃根桃叶镇相怜。若为留得花枝在，莫问沧桑改。鸳鸯𪂴𪃟一双双，欲采芙蓉，憔悴隔秋江。

浣 溪 沙

浓睡方醒日已斜，翻嫌晴色晃窗纱。郎前纰缦故些些。少可英雄偏说剑，特矜颜色爱评花。世间儿女怎如他。

才启朱樱转自缄，柔肠似结解应难。感郎情重畏郎憨。也解避嫌防后悔，时将薄怒掩深惭。此时轻别阿谁甘。

小醉归来夜已分，新茶泼乳捧殷勤。梦回初觉发香熏。昵枕低帏千种态，向时矜重霎时亲。细看浓翠拂清鬈。

雨浥缃桃特地鲜，春娇浓发镜台前。含羞含恨不能言。如此风流天赋与，暂时惜别总潸然。郎情认取枕函边。

窈窕疏花忆淡妆，远山如写画眉长。那堪微雨湿衣裳。梦好浑忘银汉回，书来犹带绣檀香。相思无底不能量。

清平乐·冬日

川流昼夜，逝者如斯也。才见日光飞野马，旋已三商漏下。
纷纷瓮里醯鸡，何如一枕希夷。唤起岁寒松柏，吾将与尔同归。

更 漏 子

翠苪疏，丹槲老，万事不如归好。虫唧唧，雁嗷嗷。碧天无限高。
倚阑望，江海上。落日寒云莽苍。望不极，思何深。沧波千万层。

水 调 歌 头

病中戏答友人

卿用卿家法，我与我周旋。胸中一事无碍，便算小游仙。借问封侯万
户，何似买田二顷，耕凿赖天全。可笑兰台史，只欲勒燕然。众生病，吾
亦病，不关禅。灵光皎皎，孤映空水共澄鲜。说法何须龙象，相笑从他蜩
莺，总付大中千。倦即曲肱卧，火宅已生莲。

高 阳 台

为江建霞题《太常仙蝶图》

柳外轻盈，花间绰约，滕王图绘难真。乍集闲庭，些些情意关人。江郎自有生花笔，写薝仙、一段丰神。记当年，相见灵山，可是君身？罗浮我亦曾清梦，有落花万片，雨积如茵。不似京华，污衣十丈缁尘。殷勤欲问西王使，遍人间、何处宜春？只怜他、薄酒微熏，腻粉初匀。

庆 宫 春

岸苇平潮，渚莲销粉，暮云作尽秋色。凉入空江，萧萧夜雨，短蓬清熘自滴。记曾分手，黯春绪、垂杨未碧。山围依旧，偏是孤灯，照愁今夕。旅怀坐对茫茫，白发新添，此情谁识？连环解赠，凌波去后，岭竹斑痕犹积。袖罗香减，怅天远、难凭雁帛。初寒清警，幽梦醒时，隔江闻笛。

木 兰 花 慢

寄上元王木斋。木斋，余故交也，才气横逸，风

期隽上。余典试而木斋落解，以同考未荐，非余之
咎。作此慰之，因以志别。

听秦淮落叶，浑不尽，暮秋声。况清歌寂寂，斜阳黯黯，客思沈沈，
题襟。那回去后，阻燕吴、迢递六年心。携手河桥又别，依然洒幔空青。
男儿何不请长缨？挥剑刺龙庭，只麻衣入试，金门献赋，那算功名！藏
形，不妨操畚，学兵符、须入华山深。四野荒鸡唤晓，万重飞雁回汀。

苏 幕 遮

研生尘，琴结网。一枕新凉，心坠沧江上。斗柄低垂天宇旷，耿耿秋
河，不隔蓬莱仗。掩银屏，回玉帐。约略年时，环佩传清响。和梦和愁闲
自想。落叶声琤，误听黄鸡唱。

菩 萨 蛮

兰膏欲烬壶冰裂，褰帷瞥见玲珑雪。无奈夜深时，含娇故起辞。徐将
环佩整，相并瓶花影。敛黛镜光寒，钗头玉凤单。啼莺唤起罗衾梦，柳丝
无力春愁重。晓枕困相思，凭春说与伊。

语深良夜促，灯穗飘红粟。回面泪偷弹，此情郎忍看。千花百草寻常
见，绮楼别写芳华怨。云影护瑶台，碧桃千朵开。画屏金凤舞，对对芝光
吐。凝照倍增妍，佯矜未肯前。情深不惜明珰解，泪珠还沁鲛绡在。云袅
翠翘低，沈沈蕙思迷。画桥秋色浅，落叶重门掩。别久倍思量，锦衾初
夜长。

蝶 恋 花

若使他生真个有。拚却今生，情与秋俱瘦。月影笼纱霜拂袖，红闺此夜凉初透。最是闻歌兼中酒。镜里芙容，一霎容消受。昙誓深深天听否？绸缪洛浦神归后。

袅袅茶烟心绪乱。漠漠轻轻，魂在梨花苑。料得海棠春睡倦，梦回愁听莺声颤。几日浮生偏聚散。只有情深，不似天河浅。瑶井辘轳声宛转，斑骓那系垂杨岸。

九十韶光如梦里。寸寸关河，寸寸销魂地。落日野田黄蝶起，古槐丛荻摇深翠。惆怅玉箫催别意。蕙些兰骚，未是伤心事。重叠泪痕缄锦字，人生只有情难死！

点 绛 唇

惜别经年，暗暗长忆卿知否？近偎罗袖，密意花房逗。借看钗鸾，私掐纤纤手，端相久，眉痕依旧，只是黎涡瘦。

齐天乐·秋荷

几时不到横塘路，西风送秋如许。艳冷红衣，凉生太液，罗袜尘侵微步。嫣然一顾。尚低侧金盘，暗擎仙露。只恐销魂，锦鸳飞入白蘋去。蝉声又嘶远树，有人惆怅极，如怨羁旅。苇乱波横，苋疏翠落，谁信秋江能渡，婵娟日暮。愿玉笛清商，漫吹愁谱。护惜馀香，月明深夜语。

好 事 近

一片碧云西，梦里瑶姬宛在。整顿平生心事，向婵娟低拜。
鲛绡别泪凝红冰，犹忆旧时态。道是不曾消瘦，但频拈罗带。

绿 意

联句，寄仲鲁编修志钧，即咏其事。

湘花梦影。可西风昨夜，几回吹醒。曾记盈盈，楼上黄昏，瞥见游春鞭镫。开窗笑语红襟燕，道莫负、海棠栖稳。天涯别有桃源，误了琼枝芳讯。太息琴丝笛谱，纵弹尽不似，旧时人听。暮雨萧萧，此日江南，帘卷疏花微病。香炉熏彻相思字，又半响，月明更静，只无聊、白雁横天，说与凄凉风景。

浪 淘 沙

寒气袭重衾，似睡还醒。炉香静热夜沉沉。起视阶前明月影，云合如冰。岁序使人惊，染尽缁尘。寂寥空草太玄经。别有苍茫千古意，独坐观星。

摸 鱼 儿

为黄仲韬题吴彩鸾《骑虎图》

倚苍岩、翠藤无路，琅玕芝草谁问。天风忽振疏林外，睹此烟鬟雾鬓。斜日冷。倩白虎从容。远上匡庐顶。松花满径。看银汉回波，石梁飞瀑，一啸万山应。吾家事，千古风流仙境。何摹入金粉。箫声可似秦楼凤，甲帐瑶台偕隐。环佩整。羡儿女情痴，也有神仙分。清贫自哂。买十幅云笺，唤谁彩笔，重为写唐韵。

巫山一段云

系肘香囊在，同心彩胜遥。东风吹满绿杨桥。离魂一度销。
记得星眸宝靥，醉里花枝微颤。明灯回照下帏羞，随郎不自由。

桂 殿 秋

吹玉笛，过江干。十分春思已阑珊。晓风残月无多地，便作天涯柳絮看。

台 城 路

湘中送星海还粤

笛声吹冷关山月，离情与天俱远。客里年光，愁边节物，赢得满襟依暗。湘云絮乱。化一缕轻烟，欲迷春眼。只有孤芳，嫣然不受暗尘染。明朝江上望极，片帆欲没处，烟水弥漫。此地相逢，何时重见，楚水吴山越岸。回肠已断。更苦雨酸风，助成凄婉。珍重芳华，绿蕉心未展。

满 庭 芳

拟秦少游

蘸水兰红，粘天草碧，征帆初过潇湘。别时不觉，别后转凄凉。前路烟波浩渺，行行远、触绪堪伤。云间雁，月明孤影，愁绝楚天长。思量。他日事，心期暗卜，灯穗成双。但千万叮咛。莫损年芳。牢系同心结子，五湖约、头白何妨。风兼雨，梦魂难度，倚枕听寒江。

贺 新 郎

别拟西洲曲，有佳人、高楼窈窕，靓妆幽独。楼上春云千万叠，楼底春波如縠。梳洗罢、卷帘游目。采采芙蓉愁日暮，又天涯、芳草江南绿。

看对对，文鸳浴。侍儿料理裙腰幅，道带围、近日宽尽，眉峰长蹙。欲解明珰聊寄远，将解又还重束。须不羡、陈娇金屋。一霎长门辞翠辇，怨君王、已失菭华玉。为此意，更踟蹰。

高阳台·西湖

落叶浸愁，凉飔警醉，衰杨恰似眉弯。病起秋深，云烟一倍清孱。凭阑冉冉斜阳下，有断魂，分付湖山。乍超然、精爽飞扬，不似人间。蓬莱清浅今何许，但歌残黄竹，信杳青鸾。为问逋仙，孤山谁伴荒寒。苧萝村不相逢地，想月娥，依约婵娟。又高城、鼓角声催，策马孤还。

齐 天 乐

题高氏《瓮芳录》

烽烟已静闻钟鼓，开编尚堪零涕。大地平沉，长星昼出，虎口逃生何地。微臣自异，列八瓮庭前，举家同死。碧血谁收，千年魂魄化精卫。凄凄石城遗曲，更堪桄触我，无限伤唶。傅燮孤儿，阳源后裔，一样悲凉身世。年光逝水。问汉上铜仙，几回清泪。听彻荒鸡，揽衾中夜起。

阮 郎 归

谁传消息问天台，桃花开未开。白云缥缈月徘徊，阮郎来不来？乌作使，鸨为媒。当时玉镜台。十年养就凤凰胎，何劳燕雀猜。

浣溪沙·拟唐人

著意偎人思不禁，寒灯相对夜沉沉。此时何必是同心。凝视洒痕侵素屉，近前香气透罗襟。不情端恐负神明。

采 桑 子

木兰开后闲相忆，静夜如年。好梦如烟，月落参横更不眠。当时银烛知愁思，意远如天。语转如禅，可奈秋花别样妍。

醉 花 阴

吴淞道中重九

雨入寒潮愁思悄，客里重阳早。消息误黄花，采采江蓠，终不盈襟抱。空濛草树吴江道，也觉秋阴好。去路忽沉吟，一舸飘然，可信鸱夷老。

点 绛 唇

戊戌重九，是日霜降。

青女司霜，无风无雨过重九。无人送酒，看月呼田叟。临水登山，此恨年年有。君知否？羲皇去久，更在陶潜后。

踏 莎 行

淡淡修眉，盈盈润脸。无言恰似筵前见。花房肯酿蜜脾浓，春衫尚惜檀痕染。月幌休灯，风廊却扇。画屏十幅鲛绡展。雁声孤馆醉醒时，一场愁绪思量遍。

菩 萨 蛮

帘波轻漾屏山悄，锦衾梦断闻啼鸟。此际觉春寒，绣罗衣恁单。幽兰凝露重，江远萍花共。愁极夜如年，静看炉上烟。

齐 天 乐

正月二十五日，游龙华。道中梅花盛开，然天寒春迟，孤艳迥绝。二月二十日再游，则桃花如海，夹岸杨柳，新绿垂阴。菜花初黄，梅花亦未尽落。江南春色，使心怦怦。乃知时光感人，非寄之语言，不能自已也。

芳塘水暖凫翁浴，初桐嫩遮窗窈。碧瓦云骞，香车露拂，人意不禁春娆。垂阳自袅。映千顷霞光，乱翻晴昊。可似前番，淡妆临水数枝袅。层阑倚空缥缈，凭高望不极，飞燕能到。屦径遗钿，旗亭解佩，何处荒烟残照。萧郎渐老。记不起当时，冷香怀抱。苦恨鹃声，劝侬归去好。

渔 家 傲

妾愿苧萝村下住，浣纱不共东家女。十顷荷花三里雾。迷归路。盈盈隔水谁能渡。不愿吴王宫里去，阳春一曲青青暮。人世繁华卿信否，浑无据。金床月落乌啼树。

踏 莎 行

舞蝶娇春，啼莺促暑，玉溪曾赋销魂句。嫦娥衣薄不禁寒，宓妃腰细

55

才胜露。香印成灰，云涡剩缕。红笺好共盈盈语。落花难伴绮罗春，劝君休向阳台住。

忆 旧 游

怅霜飞榆塞，月冷枫江，万里凄清。无限凭高意，便数声长笛，难写深情。望极云罗缥缈，孤影几回惊。见龙虎台荒，凤凰楼迥，还感飘零。

梳翎自来去，叹市朝易改，风雨多经。天远无消息，问谁裁尺帛，寄与青冥？遥想横汾箫鼓，兰菊尚芳馨。又日落天寒，平沙列幕边马鸣。

临 江 仙

檀板声停箫吹咽，玉骢门外频嘶。背人无语敛双眉。别离情绪，撩乱万千丝。不道天河能间阻，此心桃叶应知。临明一阵雨霏霏。泪沾红袖，江上早寒时。

蝶 恋 花

手卷真珠云影瘦。不怕春寒，只怕春归骤。水远山青凝望久，几重芳树遮亭堠。似锦年光浑异旧。为问东君，好与谁相守？燕懒莺娇知恨否，绿阴阴处初长昼。

每到河桥临泊处，百草凄迷，总碍行人路。回棹却寻前日渡，汪汪新涨归程阻。人世几回伤岁暮。春也莺飞，秋也蛩啼苦。欲解闲愁愁万绪，寒窗卧听潇潇雨。

虞　美　人

鹭冠欹侧蛮腰袅，偎就郎怀抱。阿侬衣薄晓寒欺，凭仗些儿酒力自禁持。馀香染袖人何在，梦隔珊瑚海。琵琶湖畔水涵空，只有寒梅敛恨向东风。

满　江　红

雨挹轻尘，山槛外、春痕初绿。频怅望、方空一抹，弄箫人独、花影任教如意舞，莺声已是将离曲。算只有、落絮与游丝，飞相逐。簪素柰，歌黄竹。年渐老，欢难足。试开箱检取，石榴裙幅，归梦不知天近远，清愁乍满江南北。问此际、俜僾为何人，眉峰蹙。

清　平　乐

巴陵有二乔墓，殆不足据。喜其亭槛轩朗，草树幽秀，聊为题之

57

佩环声杳，日暮巴陵道。眉样君山青未了，一例湘娥缥缈。
当年夫婿英雄，而今荒草吴宫。休问香魂在否，年年点缀春风。

卜算子·新柳

雪意化春云，池水生新皱。一样眉痕两样描，月影初三瘦。
莫到短长亭，未是愁时候，惆怅黄莺抵死催，春思浓如酒。

谒　金　门

秋未老，树树夕阳都好。霞锦云罗粘远草，碧天开画稿。别后许多怀
抱，又是黄花开了。落叶西风人悄悄，雁回书不到。

念奴娇·旅思

杜鹃啼后，问江花江草，有情何极。曾是灯前通一笑，浅鬓轻笼蝉
翼。掩抑持觞，轻盈试黪，此意难忘得。如丝如絮，东风吹去无力。因念
久客天涯，端居多感，萧瑟青芜国。怀抱向人何处尽，卧听林风凄寂。经
卷楞严，琴声贺若，静玩炉灯烟直。微寒隔蕊，瑶华追溯堪惜。

摊破浣溪沙

竹粉粘青露点衣，柳绵吹白水平池。为报游人休草草，惜芳时。临镜只应江月照，搴帷莫使楚云疑。不道平生惆怅意，有人知。

念 奴 娇

乱后京津乐籍大半南渡。李伯元茂才于酒肆广征四十馀人，为评骘残花之举。为赋此词。

江湖岁晚，正少陵忧思，两鬓衰白。谁向水精帘子下，买笑千金轻掷。凄诉鹍弦，豪斟玉斝，黛掩伤心色。更持红烛，赏花聊永今夕。闻说太液波翻，旧时驰道，一片青青麦、翠羽明珰漂泊尽，何况落红狼藉。传写师师，诗题好好，付与情人惜。老夫无语，卧看月下寒碧。

点 绛 唇

水际春回，曲阑环合庭阴翠。縠纹波细，石罅看鱼戏。宛宛韶光，著处偎人腻。春知未。青芜满地，易惹天涯思。

玉 漏 迟

懒寻天上巧，夜阑愁对，碧窗秋悄。细数更筹，重忆旧时怀抱，多少人间别恨，浑不解、金风来早。灵约杳、一痕淡月，笼云凄照。羡他碧汉无波，便万岁千秋，后期难了。自轸琴心，漫托彩鸾同调，一晌梦游处，恰又似、浮槎仙岛。人易老。南楼几番清啸。

思佳客·古意

十幅湘帘窣地垂，千株杨柳曲尘丝，玉人手把菱花照，绝代红颜欲赠谁。花子薄，翠鬐低。轻纱吉了称身宜，苎萝女伴如相问，莫道侬家旧住西。

感皇恩·中秋

梧叶碎秋光，小窗眠醒。自理琴书碧天静。文园病减，尚怯西风清劲。秘瓷聊试水，煎春茗。故人何在，曲阑空凭。料损多情旧心性。冰奁愁展，今夜月明如镜。断肠枫落也，吴江冷。

疏　影

凉蝉陨叶。正碧波渺涉，秋在城堞。酒所凄凉，相唤移船，华灯掩映佳侠。宜城放客多愁思，写不尽、琴心三叠，数合欢、制就齐纨，谁料未秋先箧。坐对江湖兴沓。便当自此去，同理舟楫。却恨青铜，华发星星，那称绛唇丹脣。从渠自向空王忏，恰难忘、散花香褭。甚四弦、解诉飘零，歌畔泪珠盈睫。

南　乡　子

一室病维摩，且喜闲庭掩雀罗。煮药翻书浑有味，呵呵！老子无愁世则那。莽莽旧山河，谁向新亭泪点多。惟有鹧鸪声解道，哥哥！行不得时可奈何？

凭　阑　人

秾驷芝田经几时，袖里明珰光未已。华灯写，淡姿绰，娇饶知似谁？

鹧 鸪 天

　　明月多情上绮疏，伴侬无寐四更馀。朦胧世态休看镜，撩拨清愁且著书。萤火暗，雁声孤。露光浮白夜凉初。桂宫曾寄千千信，为问仙娥忆得无。

清 平 乐

　　春人婀娜，春恨吟难妥。一缕酽香熏意可，独倚云屏闲坐。
　　林间百种莺啼，玉阶撩乱花飞。生怕袜罗尘涴，黄昏深下犀帷。

疏 影

　　烟螺想鬓。更柳疏枫密，芳思无际。缥缈空山，可是曾来，瞥见瑶阶仙诗。人言海水三清后，有琼瑟、玉杯重遗。恰无聊、化作朝云，一霎沧波迢递。几度花开花落，对霞影犹忆，靓妆明惠，石径苔封，化鹤人归，黯淡蕊珠文字。浮萍偶值原无定，好认取、天花游戏。奈梦回、雨泻高檐，窗外叶声如悴。

日　记

南旋日记

　　光绪十二年丙戌四月二十八日　出都，是日晴，早起发行李，巳刻开车。到志仲鲁家稍坐，剃头吃饭、下棋，长乐初都统出谈，谓余何以急行，自言身衰发白，恐不再见，颇凄然也。午尽伯愚回，知仲鲁留饭，颇可喜，知今日朝考题亦太泄漏矣，题为徐用仪所拟，用仪非进士出身，而拟题亦向来所无也。出东便门得词一首：九十韶光如梦里，寸寸关河，寸寸销魂地。落日野田黄蝶起，古槐丛荻摇深翠。惆怅玉箫催别意，蕙些兰骚，未是伤心事。重叠泪痕缄锦字，人生只有情难死。调寄《蝶恋花》。酉刻到通州。昨书致张枞君，已代定四舟，吾与莘伯同舟，内人一舟、陈伯严一舟，约同行者有朱利斋开懋、姚敬熙等又一舟，价发官价，颇可省，然甚不忍，已允舟人重赏矣。夜与伯严、莘伯谈至四更，甚畅。是日杨叔峤、张巽之、张勉堂以及华再云、李谦六来送行，皆见。

　　二十九日　早到通州署晤张枞君，谈一时许，遂早餐始归舟。午刻开船，到苏庄泊舟。晚饭与伯严、莘伯谈竟日。晚饭后同登岸，步行三里许，远树人家，天涯芳草，轻风扑面，浅水映衣，皆年来红尘马粪中未有之景，致足乐也。舟仍开行，二更始歇，泊码头。是日行九十里。

　　五月初一日　晴，夜雨。晚西北风颇顺，舟行百一十里，泊柴村，在河心未近岸也。夜与伯严谈达旦。是日早餐泊香河县。

　　初二日　早阴，午晴，傍晚大风雨。早饭泊杨村，晚避风雨泊桃花口，乡人赛神演剧，以雨而散。与伯严诸人谈竟日。是日舟行一百里许。与莘伯联句五古一首。夜与利斋、莘伯谈，三更睡。

　　初三日　早晴。行三十余里到天津，栈夥到船，言海晏轮船今日入口，乃与舟人商驳至轮船边船上，每船加以四千文。作致志伯愚、仲鲁信一封，追念来时与六妹至此，初离轮舟喜泛小水，昕夕谈论琴书可娱。余谓之云：今去广东已六千里，人生行止安有定期，回忆前尘，恍如昨梦，

妹闻斯语，有恻于怀，同望南云，潸焉欲涕，孰意爂轮不停，尺波电谢；兰慧犹在，馨尘已灭，重履斯境，恻怛如何，沉郁不怡，殆将累日，欲为追悼词一首尚未成也。近日水浅，轮船不能泊紫竹林，泊土坝。未刻上船，得房舱两间，家眷一间，余与伯严、莘伯同一间。夜大风雨，二更息。

初四日　晴。已刻开船，未刻出口，得词一首：水远天长，重到处，风景触目堪伤，旧愁新恨并作一片凄凉，海水万重摇绿影，星河不动夜苍苍，感琴亡，有谁知我元鬓成霜。凭栏所思何限，叹鸾飘凤泊莫问行藏，破帽临风，南来北去相将，防身雄剑尚在，祇牛斗无灵漫吐铓，归来也咏纫兰旧赋，不尽怀湘。调寄《瑶台聚八仙》，此词顺笔直书，未经琢磨，俟暇日改完也。伯严病两日，今日小愈。是日风甚定，同舟无晕眩者，与朱励斋谈西边事，励斋谓青海中皆游牧无种植，圣祖闭玉门已绝其来路也。又云：左文襄所设义塾，惜奉行者不善，回子肄业者皆募人代替也。

初五日　晴。辰刻起，已刻过烟台未停轮。夜过黑水洋，海水如镜，新月一钩，北洋七度，此为最安恬矣。得拟古宫词一首：秋鹰劲翮帚波旋，喜见云章第一篇，秘殿乌毫尖褪损，河阳才笔总如泉。是日作象戏数局，无聊特甚。

初六日　晴，忽雾，午后始散，稍风。船亦尚安，夜子初到上海，以夜不入口。

初七日　晴。辰刻泊岸，宿长发栈，林有在上海，乃外舅陈公遣来见接者，甚佳也。与伯严、莘伯早饭聚丰园。午间到申报馆，晤钱昕伯秀才，游静安寺。未刻回栈，觅李希朗，见之，觅李洛才，前五日始回江也。夜往鸿桂轩观剧，游申园时遇旧歌者，观剧时因召之，然心绪恶劣，强欢不怡，姜白石词云老夫无味已多时，殆为我道也。

初八日　晴，有风。辰刻赵伯藏、江叔海、易由甫来。申刻偕伯严、莘伯同游张园、申园。夜大风雨。

初九日　大雨竟日。夜伯藏招饮，四更归栈，得拟古宫词一首：新制冰床学水嬉，海龙华服称銮仪。的卢跃过檀溪后，愁绝东风解冻时。

初十日　阴，午间薄晴。易由甫招饮，王子诠亦见招。夜伯严招集至宝树街，三更归栈。叔翘由京来，云坐武昌轮船甚苦。广利船到，先下行李。作家信及致志伯愚仲鲁信。

十一日　阴，午间薄晴。广利轮船以货未齐，十三乃开行也。与莘伯、伯严同到虹口阅外国马戏，驰骤敏捷，颇足观览，象虎驯伏，失其威重，令人不喜。有阿非利加洲之狮，狭面长目，豩毛不厚，绝无可畏，异于图画。昔黄豪伯尝告我，如是不虚也。晚饭聚丰园，送伯严下长江轮船，四更始回。易由甫招饮不赴。

十二日　晴。数日皆颇凉，人多衣绵夹者，余独不耐，衣夏衣，然殊为人诧也。叔峤来，同往书铺，叔峤之兄听彝亦同行，购得《汪氏学行记》一部，乃汪喜孙所辑当时誉美汪中之语，及往还手札。实甫到，往候之不遇。又偕同江叔海、叔翘、莘伯到格致书院，旋共乘马车游静安寺、张园，薄暮回栈。听彝谓剑阁乃上古人功所为，其土皆三合土也。又谓蚩尤雾，盖如今之黄烟，今之世乃颇似五帝之世耳。此说似不悉非。又遇浙人查燕绪，字冀甫者于书铺，赠以其师张裕钊所著《濂亭文抄》，此书余固曾见之，乃一平平学语者耳，然张季直诸人方奉为家法，尊为本师也。见张燮，承赠所著《翻切简可编》二卷，分阴阳上去入，而不知上去入皆有阴阳，不足取也。

十三日　晴。早叔峤来，亦于是日下江孚轮船，取道回蜀矣。偕听彝、叔峤、莘伯同到各书铺购书数种。酉刻登舟，微雨，舟仍未启行也。听彝谓余言，宰我乃墨家，其短丧论社昼寝之说皆极似，此自有见。余尝谓樊迟近农家，子贡近纵横家，冉伯牛近道家，子路近法家，九流之长皆萃于孔氏之门也。听彝又云：撰《尧典》者，乃彭祖畴，盖畴即彭祖之字。伯寿也，孔子愿比老彭即指此，谓为八百岁者，其子孙传至商，享国八百年也。伊尝为文以考之，此自可备一说。

十四日　阴雨。已刻开船，出口后风浪颇剧，入夜尤甚，舟中多呕吐者。四更许大风忽起，颠簸不安。

十五日　寅刻风浪极烈，余与莘伯幸皆不吐，午间稍定，舟傍山行，不敢放大洋也。以载米故绕至温州，是晚泊温州口，月色尚佳，云物颇恶，仍虑有风也。温州民多开山田，种薯芋，地力之尽如此，大吏犹以谓荒未尽垦，误矣！阅释园通日本人《佛国麻象论》二卷，此书谓地有恒高天动地静，皆拘守旧说。其谓回历、西历皆出于梵历，则不刊之论也。偶得海上对月诗一首。夜四更有雾。

十六日　阴雨。已刻入温州口，午刻泊船。此邦山水雄秀，足壮南服，炮台守御未便详悉也。申刻雨止，与莘伯、赖云芝同登岸，入自北门，街衢泥泞，艰于行步。同饭徐振兴酒楼，有馔不佳，亦各饱饫也。夜浓云密布，不见月色。又得《拟古宫词》一首：内廷宣入赵家妆，别调歌喉最擅场，羯鼓花奴齐敛手，听人演说蔡中郎。

十七日　晴。辰刻偕莘伯命小舟游江心；孤屿东为龙翔寺，西为兴庆寺，宋高宗驻骅之所。中为江心寺，皆未能深入，江心寺之东稍偏为先信国公祠，有塑像，又刻石像，有阮文达、谢蕴山、秦小岘、杨炳诗刻，有明吴自新诗刻。阮文达诗七律一首，后四句云："朱鸟西台人尽哭，红羊南海刻全收，可怜此屿无多地；曾抵杭州与汴州。"祠之东为浩然楼，故址今为英国领事所居矣。又有卓忠贞祠，故明兵部侍郎也。又有陆公祠不能入，屿之尽处为谢公亭，亭甚小，石刻谢康乐像，云本之宋刻，未知类否。轮舟将发，与莘伯急归，未暇留题也。

得登江心屿，谒先信国祠五古一首：孤屿悬中流，光灵肃遗庙。维舟申严谒，往迹恻追吊。炎宋昔将烬，义烈奋才效。间关奉孱主，奔窜穷海峤。终类青城悲，莫赴黄幡召。柴市血犹碧，西台哭谁告。凄风历朝代，余烈激忠孝。先臣殉程乡，旧俗还祠祷。同揆耿在昔，名节诚继绍。时危砥桂折，天定滇渤沼。苹蘩荐芳馨，矢怀向神诰。

时近午初，出温州口，南风波平，舟不摇簸。入夜月色更佳，舱中暑热不能成寐，望月达旦，水程过福州矣。

十八日　晴。天光晶明，渔舟满海。傍晚过厦门，夜阴，三更后月色颇佳，望月不瞑，暑热弥甚。

十九日　晴。戌刻到香港，遂偕莘伯同登岸，寓泰来栈，行李眷属亦俱上船，三更许始定。此数日皆无风浪之恶，不易得也，惟在舟中，舱暑热可畏，亦是一苦。

二十日　晴。余在香港暂息一日，莘伯先下省。午初食荔枝香蕉，离粤已一年余矣。闻长少伯谓回民及俄人多呼中国人为乞塔，按此即《元秘史》之乞塔，特乞塔者，契丹之转音也。英吉利语呼中国为差泥，差泥者支那之转音也。由西域通者呼中国为契丹，由印度通者呼中国为支那，皆从其朔也，而译音者往往讹误，不得其解矣，因阅翻译书，有未谛者，故附识于此。读日本人撰《六物新志》中，木乃伊一种，乃数千年之骷髅也，其订陶宗仪《辍耕录》之误甚详。可广异闻。余此行出温州时薄暮，见江豚数百腾掷吹浪，而数日来天色清朗，风定波平，可知物性之占有时不验。又得《拟古宫词》一首：鼎湖龙去已多年，重见昭宫版筑篇。珍重惠陵纯孝意，大官休省水衡钱。

二十一日　晴。附汉口轮船到广州，已刻开行，申初抵西城内陶家巷旧寓。将泊舟时，忽大风雨，顷刻止。入室触目戚心，殊难为怀。星海、延秋闻余到，邀往同兴居酒馆一叙，子展在座，晦若由广西回才四月，亦在座，故雨重逢亦客中一乐也。遂与星海、晦若同宿于延秋所寓之烟浒楼，谈至天明。赋得《蝶恋花》词一首：密雾浓云围绣幕，常替花愁，忍向花轻薄，但愿西风吹不落，不妨鸾凤长漂泊。梦里姑山看绰约，九折肠回，应有香魂觉，万种闲愁无处着，黄昏雀踏金铃索。

见大哥神气如昨，新生之侄亦颇肥大，可喜。

二十二日　大雨。往谒外舅陈公京圃，谈二时许，仍回至烟浒楼，同宿者仍昨夜四人，天明始寝。妻弟朴诚来，不遇。

二十三日　晴。午间大雨，外舅邀饮，傍晚回寓早宿。几日来延秋诸人发电问姚柽甫病，未得回音也。顷连日赵季和、王子展、朱棣垞来，皆不遇。又赵伯藏忽来粤，异甚。

二十四日　晴。申刻到潘子祥处，其女出见，自失母后尤觉可怜。到王子展处，朱棣垞邀晚餐，座有延秋、星海、晦若、莘伯、孝直，暨川东人王雪丞、杨叔峤所誉也。晤汪美生谈顷许。散后与晦若同宿星海处，夜热多蚊，皆不成寐。

二十五日　早雨旋霁。偕星海同访伯藏，遂访徐次舟、陶子政皆见；又偕子政同访陈庆笙，谈至傍晚。星海邀聚同兴居，延秋、孝直、子展、莘伯皆同席。星海征一歌者，次舟、子展、伯藏皆有所征，惜来此呆坐，无复闻清歌，有异沪上耳。晦若以未满服，故不来。三更散归。

二十六日　晴。已刻大雨即止，热极未出门。夜往王中之处，伊新丧偶，不能来也。

二十七日　晴。未刻星海来，同到红棉寺清谈一晌。外舅约食晚饭，同席者延秋、星海、伯藏、魏叔平及现署番禺县陈汉章以倬，二更散。夜热尤甚，不能成寐。夜作京信二封。复得《拟古宫词》一首：玉叶琼花写碧绡，上清粉本试兰翘。词臣未解长秋意，拟就题诗愧舜韶。

赵伯藏以明日早行，不及送之矣。张延秋赠我七十金，遂决同行。作答五叔父信一封。午赵季和来，不遇。

二十八日　晴。饭后往拜陈孝直、念孙、冯萼楼、俞秀珊、陶春海、石星巢，皆见。转入梁星海处，同到陈庆笙处，季和约同兴居晚饭，子展、星海同席，仅四人。三更散归。

二十九日　晴。往拜倪豹岑侍郎文蔚、于晦若、渊若、沈芷邻，往吊王中之，皆见。得外舅寓小坐。延秋生日，同人公祝于王子展家，在座者：晦若、孝直、石星巢、冯萼楼、赵季和、朱棣垞、汪莘伯、星海、子展，三更散归。

是日检点书籍，务少携，以行踪无定，省盘费也。延秋谓我必于今年回粤，可谓失其用心。陈庆笙谓天下之事无过于气，此为未识本原。倪豹岑乃为龚易图不平，言其被劾尚有余愤，又云不考中书恐妨捐纳，此是政事当然之理。又云冯子材侥幸一战，朝廷不知其罪。如此等论，可谓无识之至。

三十日 晴。黄杰夫、冯蓴楼招饮不赴。午后大风雨，入夜雨不止。发行李交延秋处。

六月初一日 早晴，午后大风雨。表姊来，病尚未愈也。芷邻、晦若、孝直来皆见。往莘伯、庆笙、外舅处辞行，闻富顺船已开行，须改搭船也。

初二日 晴。朴臣来，饭后去。往三姊处，旋往烟浒楼，延秋已他出，拜冯蓴楼见之，折入星海处，延秋到。约晚饭同兴居。福山轮船或云尚可或云不佳，议论不定。晦若、孝直、蓴楼同席，四更始散。子展病疟甚，偕星海看之，嘱其请假，而子展以疑谤之时，有所不敢，外官之难如此，可叹也！隔墙闹贼已屡，余四更归，甫食许，而邻人喧呼捉贼，缉捕之废弛可见矣。

自回粤以来，心绪虽恶，然佩菊有心飞遁已笃，故身世之感转觉怡然。此近日所得，前此未有，盖天花着身，而禅心亦定矣，如是求益，岂有涯量。

湘行日记

光绪十四年戊子正月二十日　晴。往徐尚书师、李仲约学士、缪筱珊编修、乔茂萱户部、李向五中书等处辞行，又回拜潘伯寅尚书，入城到刘镐仲同年处小坐，得外洋舆图一册，其兄鹤伯所遗也。余取之以求译者，庶可通晓。夜检书，阅《江村消夏录》三卷。闻武清有李见讨者，为在礼党之首一县之首耳，恐非合数省而言。去岁法人诱之入天主教，李见讨不从，其名甚奇，在礼一教之用意亦未易测也。

二十一日　晴。乔茂萱、赵季和、晋锡侯、延煦堂来，煦堂赠我以洋枪，可喜也。黄仲弢、袁爽秋、沈子培，招饮于松筠庵，仲鲁莆卿、蒯礼卿、刘繍卿、王旭庄同席。申刻，潘峄琴侍读、区鹏宵、沈敬甫两中书，沈笔香员外、孔镜航郎中，招饮于鹏宵家，伯愚、仲鲁、延秋、怪甫同席。夜四更入城。接梅爽楼河南信，知其将来京，然予已不及待矣。茂萱言西藏事甚亟，文树南尚能不贪财，不好色，然午间阅邸报，已著来京矣。

二十二日　晴。李向吾、袁爽秋、刘镐仲、李仲约学士、孚伯兰员外来，茂萱赠书，伯兰赠赆，皆可感也。宗室伯羲祭酒、润斋吏部、瓜尔佳氏之西湄户部、敏斋工部、锡侯员外，招饮于富庆堂，伯愚、仲鲁、煦堂同坐，二更散。诸君仍到寓稍谈乃去，情意殷挚，良慰旅情。是日仍与乐初年伯诸人等校射二时许。夜检书至四更。蒯礼卿招饮不克赴。

二十三日　晴。乔茂萱、景东甫来送行。午刻与仲鲁同出都，行二十余里，宿俞家围东升客店，与村民谈，言前岁大水，有大龟三，由村中过，可异也。

二十四日　晴。早尖于安平，晚宿于蔡村之洪德店，行百三十里。晚饭后与仲鲁偕行，观村民演剧。车中得《贺新郎》词一首：别拟西洲曲。有佳人、高楼窈窕，靓妆幽独。楼上春云千万叠、楼底春波如縠。梳洗罢、卷帘游目。采采芙蓉愁日暮，又天涯、芳草江南绿。看对对，鸳鸯浴。侍儿料理裙腰幅。道带围、近日宽尽，眉峰长蹙。欲解明珰聊寄远，将解又还重束。须不羡，陈娇金屋。一霎长门辞翠辇，怨君王、已失苕华

玉。为此意，更踯躅。

此词拟苏，窃自谓有数分肖之也。

二十五日　微阴，有风。行八十五里，早餐浦口之魁元店，夜宿天津紫竹林之佛照楼，计此路往来凡十一次矣，自癸酉迄今已十六年，不独观河皱面，吾今非昔，即世事之推迁，亦诚有不可知者，岂独鲁史之怪颓岸，沮授之慨黄河已哉！中宵枨触，可胜三叹。阅《时报》，云南地震，死者万人。

二十六日　晴。作信数封。有温州船到津，乃由香港开行者，无房舱故不搭。陈养源知府、汪子渊孝廉来，子渊为人辑《皇朝经世文续编》，已阅近人著述二百余种，当有可观，惜所为者非其人也。

二十七日　晴。回拜汪子渊、陈养源，皆见。子渊、养源招饮德顺酒馆，李秋田知府、余翼斋主事、佘征甫诸人在座。二更回寓。见子渊所辑《经世文续编》底稿，尚有法。李秋田言东北事甚悉，闻漠河开厂事，不能调兵，颇谓棘手。

二十八日　晴。午间同仲鲁访子渊，旋回寓。晚饭养源家、李秋田、佘澂甫、余翼斋来，不晤。夜与仲鲁、子渊同到翼斋处，观所携德国所绘舆图共九十五张，极精，惜不能通其文字。又观英国所绘海道图，于天津、烟台一带，皆中国海图所未核。余翼斋新送快船，由外国回，言水师学生极有用。陈养源述崇厚在俄情形，言其初尚能持论，后乃急于蒇事，有请皆从，又以俄索兵费不多，喜出望外，自谓不世之功，急于还京，且冀不次之赏矣，此其大端之最谬者；至谓与白彦虎同宴会，与受逼迫而成约等词，皆不当，事情出于附会云。养源当时同在俄国，所言当得其实。

二十九日　晴。午刻高升轮船到，晚饭后与仲鲁同上船，搭客尚不多，甚宽敞也。余翼斋来谈良久，其言多陈因，惟谓江西磁器当另开一窑专仿西式，为发售外洋之用，此语颇可采。

三十日　晴。卯刻开行，至大沽口，待潮一时许。未刻出口，风静波平，舟行稳速。丑刻北风大作，簸荡异常。

二月初一　晴。午刻风止。晨过烟台，夜微有雾，黑水洋中波浪甚静。

初二日　阴。夜午到上海，寓洋泾桥泰安栈，得《桂殿秋》词一首：吹玉笛，倚江干，十年春思已阑珊。晓月残月无多，地便作天涯柳絮看。

初三日　晴，有风。与仲鲁同访昕伯诸人。夜观剧。作信二封，以菜子药物寄广东。傍晚游申园，车马已稀，旁有西园，余所未到，格局略近申园，绝无丘壑。夜温《周易下经》一册，天将曙，微雨，轻雷。

初四日　阴雨，甚寒。写小楷二千余。仲鲁招饮于清和坊，一更回寓。闻有沈姓者来招饮，不知何人也。见陈家仆黄泰，知家中安稳，惟赤溪地太僻左耳。温《周易》毕。

夜雨止。阅《申报》，言黄河春水已发，中牟以下岌岌可危，心甚忧之。作五古一首。近岁稍涉世事，每多枨触，欲拟白香山《秦中吟》为新乐府，以写之卒卒未暇，姑先列其题于此，俟他日补作焉。修三苑，讽土木也。鼎折足，讥在位者非其人也。特奏官，讥海军报效也。弃朝鲜，讥失高丽也。卫西藏，惧失时也。购铁舰，虑将帅也。郑州叹，罪张曜成孚也。薪不属，惧危难也。民教争，防世变也。污池鱼，惩朘削也。虎当关，惩关吏也。父子博，讥阎敬铭之理财也。越甲鸣，讥李鸿章之款敌也。开琼州，虑武事也。白头叹，思变帖括也。中原菽，恐失民也。大婚礼，虑宦官之渐进也。观不解，讥部例之太繁也。太阿柄，刺赏罚失宜也。反舌鸣，刺言官也。洋税增，讥失利权也。怀魏公，思韩琦之贤也。贺循议，虑失礼也。胡三制，戒服妖也。墨学兴，戒邪说也。此所拟题尚有未尽，亦尚有未定者，加以深微之思，出以沉警之笔，播诸后人，亦一代得失之林也。

初五日　阴。午后薄晴，夜雨。陈锡荣参将招晚飧，途中同舟相识者，夜上元和轮船宿。

初六日　大北风，早雨甚寒。寅刻开行，过通州、江阴。夜午始至镇江，停泊。

初七日　晴。巳初到江宁，未刻小舟到水西门，入城，寓平市街广聚客栈。夜阅放翁诗、《盐法纪略》，四更后寝。

初八日　晴。偕仲鲁同至秦淮茶馆，王木斋来寓不见，觅至茶馆，相见甚欢。俄而易由甫、黄仲方来，惊喜之至，遂同回寓。晚餐新兴楼。由甫登舟后忽来，夜木斋、由甫皆宿寓中，联句联词，天明未瞑，亦客中一乐也。

初九日　晴。偕由甫、木斋同谒曾文正祠，祠不甚壮丽，楹联亦绝无佳者。旋谒诸葛忠武祠，有陶靖节附祀，不可解也。由甫夜始登舟，木斋二更后去。作《忆俞恪士》诗三首：才士谁如恪士清，一生惆怅为多情，晓风残月江头路，长忆骖驹送我行。月娥缥缈更婵娟，不落楞严第二仙，我为梅花甘下拜，云光十色护鸾笺。同是华严悟后身，天花如雨亦微尘，惟留一种心光在，翻尽天池见此人。余久欲作一七言古诗以赠恪士，心繁意杂，恐不足状其云光五色也。重到江宁枨触不已，聊写三绝，未尽所怀，然沧海微禽，吾心不化，读至此，恪士亦当为之挥泪不止矣；惟是羲

之笔法，略本之卫夫人，而禊帖一篇终不及和南数字，殊自愧凡拙耳。

初十日 晴。往拜易由甫舟中，适将来，遇诸涂，同回寓中。饭后同登雨花台，一城形势历历可指，遥望三山在隐约间。入城游胡氏愚园，堆石颇多，失之迫窄，池水已绿，梅柳致佳，园主呼丁献茶果，意颇不恶。归寓愊麓生龄已来，与由甫、木斋谈至夜分始去。连日鞍马尚不甚疲，惜由甫将行，游兴减矣。阅汪梅村《悔翁笔记》六卷，言地理颇有可采余未宏博。

十一日 晴。由甫来，即登舟。饭后往拜许仙屏布政、梁亚甫大使、愊麓生同知、刘宝真拔贡，皆见。木斋招饮家中，仲鲁、宝真同坐。由甫忽自舟中驰马来，欢甚，二更后散。仙屏、亚甫来，亚甫赠倭刀一柄，甚佳。木斋赠余书数种，皆近人著作，有足采览。

十二日 晴。许仙屏布政招饮，二更散，前太常寺少卿胡聘之在座。阅管同异之《因寄轩文集》，徐鼒《未灰斋文集》，皆有可采。为江宁高氏题《瓮芳录》词一首，词《台城路》。

十三日 阴，大风。偕刘宝真、王木斋同游卧佛寺、四松园、薛卢清凉山诸处，遂登城，芜湖之山，近在眉睫，回望钟阜，云气苍然，亦壮观也。宝真言去年云南有与英吉利战事，盖彼欲袭我腾越，守边者知而御之，故胜。及奏报则言胜摆夷耳，此说得之史念祖家，俟访实之，若然，则今年以后滇边殆不可闻矣。

十四日 雨，入夜不止。阅《癸巳存稿》，其中言盱眙一条太纤曲。阅憨山和尚《金刚经决疑》一卷，说多明晰，胜于他家注释，惟于释典文法嫌尚有小误耳。

补录题《瓮芳录》词于此：烽烟已净闻钟鼓，开编尚堪零涕，大地平沉，长星昼出，虎口逃生何计，微臣自异，列八瓮庭前，举家同死、碧血谁收，千年魂魄化精卫。凄凄石城，遗曲，更堪木胀触我无限伤喟，傅燮孤儿，阳原后裔，一样悲凉身世，年光逝水，问汉上铜仙几回清泪，听微荒鸡揽衾中夜起。作七绝一首，《雨夜》：萍踪漂泊亦萧疏，不向文君问酒垆，一种江南春雨夜，绛笺银蜡自抄书。阅《唐人万首绝句选》。

十五日 雨，午后止。入夜月色致佳，许仙屏世伯招入署中，畅谈竟日，三更回寓。仙屏述鲍武襄始末甚详，其初应募时，以貌寝不得挑，穷困欲自裁，赖黄翼升救之，后于曾营充喀什，犯法将斩，李元度救之，卒成大功，其劳绩多为人而攘。及剿捻之役，刘铭传败而武襄大胜，乃反被诬，几不得免，遂决志引病，此皆纪载所未悉者。今者大树飘零，家难弥急，闻其遗孤在狱，病妇雉经，固非朝廷之本意，而刻薄之人，诚不足与论事理也。

十六日　阴。偕葆真、木斋同游莫愁湖，湖上曾公阁修，尚未毕工，花光柳色，春气宜人。葆真言溧阳之丝，为江南之冠，余皆不及浙丝。江北之米，江南资之，农夫终岁耕，无一日之积云。昨仙屏布政云有善占天者言，四月黄水当入江南界，余谓以人事言之，亦所必然，特望天心仁爱，或不尔耳，姑识于此，以观后验。温《尚书》一册。

十七日　阴，入夜大雨。是日出城，至下关候船，宿联升客栈。

十八日　早晴，辰刻元和船到，仍与仲鲁附船溯江，薄暮过大通。是日东风。

十九日　阴。寅刻过安庆，未刻泊九江，申刻开行。舟中阅潘氏《读史镜古篇》，随手抄录之书，不知何人以之祸梨枣也。

二十日　阴，北风。辰刻到汉口，午刻坐红船过江，宿斗级营保和客栈。武昌府李芗垣太守遣人来，招寓署中，遂往拜之，畅谈至夜分始归栈。家兄袁山在署，将往河工投效，余力沮之，未知能听否？晤南通州范仲霖优贡钟，昔常闻之，张蔼卿、俞恪士、刘葆真屡称其才，今始见之也。阅电报，知伯愚竟未记名道府，鸾台凤阁终当胜粗官邪，此亦可见事有定命也。夜微雨。

二十一日　阴。李芗垣来。温《尚书》二十八篇毕。夜读《庄子》四篇。以寿昌乘交芗垣刊之。

二十二日　晴。偕仲鲁同移府署。阅汪梅村诗词集，于咸丰、同治间事，颇有见闻，惜才分稍隘，未足抒其胸臆耳，词笔尤近粗率。

二十三日　雨。仲鲁过江拜客。由甫忽来，伊于昨日始到汉口也，喜甚，遂冒雨同游曾文正祠，谈至薄暮始散。由甫去而仲鲁回，竟不得见。夜与芗垣、仲霖谈至四鼓。

二十四日　晴。发家信。与袁山兄暨仲霖同访黄鹤楼遗址。午间督署遣人来云，明日有轮船赴湘，遂与仲鲁稍商行事。夜仍与芗垣、仲霖谈至丑刻。得伯愚信。

二十五日　晴。卯刻登舟，船名知津，仲鲁送至船。巳刻开行，戌刻泊邓家口，水程一百五十余里。温郑君《诗谱》《毛诗传笺》。得《拟古宫词》一首：凤阁春深电笑时，昭客舞袖御床垂，霓裳未习浑闲事，自取邹王小管吹。又前数日所作一首，补录于此：河伯轩窗透碧纱，神光入户湛兰芽，春风不解伤心地，一夕齐开白柰花。

二十六日　晴。温《毛传笺》。行程二百余里，夜泊新堤镇，因拖带二船，故轮行颇缓，又后船惮于夜行，故早泊也。天气骤暖，余体气素壮，不能御绵。岸绿如洗，洗净若平，云光鸟影，宛在衣袂，良时佳哉，春游畅矣。夜不成寐，作《拟古宫词》一首：鹈鹕声催夜未央，高烧银蜡照严装，台前特设朱墩坐，为召昭仪读奏章。

二十七日　晴，夜雨。东北风颇顺。午间过岳州，晡时于鹿角洲逮及易由甫之舟，各于船舷以手相语，憭其取道常德，不能同行也。戌刻泊晴江湾，行二百四十里。温《毛诗传笺》数百叶。子丑间风雨大作。

二十八日　阴。早雨，大北风，夜东北风尤大。泊靖港，温《毛诗传笺》毕。康成笺注雅多有演成口义者，盖后世正义文体所昉，其笺小雅尤多幽愤之词，陈京卿师《东塾读书记》曾言之矣。

二十九日　阴雨。到省寓永丰仓泰临栈，仆人以余待之不厚，径去不顾，可恨之至，僵卧驿馆而已。作信数封。

三月初一日　晴。访伯严，云往平江来回。赴乡托龚苏田借得一仆。夜读《列子》，其理与佛学太近，真疑魏晋人伪作也，惟刘向目录已有此书，不可解。昔贾似道于宋末为官田，其害及数十世，今又于赋役为新法，受其害者更不知当几世也，可叹之至。

初二日　阴，大雨。未能出门，温《尔雅》一册。

初三日　阴。投各处信，约次日往拜。访皮麓云不遇。吊唁周、何两姻亲丧。

初四日　晴。移居城内富正街森发店。往拜伯严，知是日回，出门未见。晤罗顺循。补作寄李黼堂信。

初五日　晴，夜微雨。往拜豫东屏臬使未晤，见其侄荫樾亭，人极循谨。往郭筠仙侍郎以演剧称寿，未见。夜宿伯严处，谈至四更。

初六日　晴。拜杨厚庵宫保，忠诚肫笃人也，述台湾事不矜不诉，尤不易得，年六十七矣，精力尚可有为。访程伯翰不遇。

初七日　晴。仍往拜豫臬使见之。旋即往拜李黼堂方伯，其所撰《耆献类徵》已成书，目虽瞽，记忆之性尚佳。作寄仲鲁信。

初八日　晴。往拜郭侍郎，留饮观剧。谈及裕庄毅祠事，连日诸君子皆以为然，知事有成。夜饮陈伯严家，遂留宿。晤程伯翰，伊痛诋近日刘沅、王闿运诸人学术，甚有见。得仲鲁信。

初九日　阴。同恪士闲游肆中，夜宿恪士处。杨宫保、李黼堂来，皆不晤。

初十日　晴。李黼堂来。

十一日　晴。阅黼堂作《赠余集》，其中《梦痕录》一卷，述在吾乡事甚详，《明论》二卷，则目废后作，论虽不深，亦颇有合于情理者。是日先慈忌日，涂稚蘅招饮不赴。

十二日　大雷雨，未出门。

十三日　晴。樾亭招饮，伯严暨萧叔衡在座。早间闻星海由粤到，狂喜，未终席即往访之，一见异常惊喜，遂留宿乡间，四更始寝。星海述梁僧宝家难事，大可骇怪。又谓闻之张孝达云，僧宝竟改隶英吉利籍，自造小轮船牟利，此亦恐出忌者之口也。

十四日　晴。偕星海同访伯严、樾亭、伯翰、麓云，仍回宿伯严家。麓云不遇，伯翰夜到伯严处畅谈，四更始散。

十五日　晴。杨厚庵宫保来栈，稍谈，余偕星海同往拜之。伯严招饮贾太傅祠，樾亭、重伯、麓云、恪士诸人在座。散后宿恪士家。午后微雨，入夜方止。郭筠仙来谈一时许。

十六日　晴。往看星海，闻其昨夜大醉，力戒劝止酒，恐不能也。遂移寓乡中，偕星海同游朱氏园，值其宴客，遂昂然入座。园中绣毯花大开，余皆未花也。

十七日　阴。小极，杨厚庵招饮，不赴。

十八日　阴。杨芝仙来正仪，厚庵宫保之冢嗣也。拜郭筠仙未见。到伯严、恪士处稍谈。

十九日　早晴，午后风雨。拜重伯未晤。重阅《绝妙好词》，觉南宋人词亦颇有习气，近人不善学之，颇足厌也。

二十日　雨。偕星海入城。重伯招饮，王壬秋、俞恪士、陈伯严、罗顺循正钧在座。王秋语不离势利，余面斥其鄙，罗、陈诸人，王氏之仆隶也，闻之极为不平。席散后仍与星海宿伯严家，伯严词多悖谬，余以故交聊优容之，然兰枯柳衰，咏渊明之诗，诚欲多谢少年之相知耳。

二十二日　晴。早餐，访樾亭、重伯皆见。得仲鲁书。

二十三日　雨，微寒。访李黼堂，语谈良久，见其请裕庄毅祠稿，至是凡三易矣。作书六七封，托星海代寄。

二十四日　雨。偕星海入城，伯严、重伯诸人邀余与星伯、刘忠壮祠观剧，二更后散，宿伯严处。樾亭、芝仙来。

二十五日　大雨，立夏。郭筠仙侍郎招饮，陈伯严、俞尧衢诸人同席。余急于送星海之行，未终席而去。夜与星海谈至三鼓。作送星海词一首。

二十六日　大雨。送星海登舟，巳刻开行。皮麓云招饮不赴。是日水几入城，送行极苦。

二十七日　雨。得仲鲁信，知其决不来湘，遂定日内回鄂。

二十八日　雨。访樾亭，定初四日偕行，遂往杨、郭、李、陈各处辞行。是日知裕庄毅祠禀已递故也。

二十九日　雨。仍往辞行，晤伯翰。

三十日　雨。杨芝仙来送行。是日福安轮船到省。

四月初一日　晴。李黼堂来送行，病瞀远来，又赠菜、赠书，意甚殷厚。

初二日　晴。访樾亭，同往重伯处，遂偕上福安船，船甚大，遂定其中舱，又与之约初六起程也。

初三日　访恪士、伯严，稍坐，阅杨芝仙所赠《长江图》奏议。闻其欲于九江造船厂及机器局，此说乃与李仲约相合也。

初四日　晴。晚间微雨。

初五日　早晴，午后大雨。往候樾亭，欲将行李登舟，而樾亭以诸事未集，拟迟一日。午后苏田招钱家中。夜检书。晤陈苏生同年于县署中，文章华赡，吐属名贵，真清士也。

初六日　晴。仍访樾亭，欲同登舟，而福安船以故欲改十三日行矣。闻其意欲待曾氏之戚袁某者，又陈缇欲其拖带余尧衢，是以迟延，可恨之至。

初七日　晴。仍访樾亭，嘱其以排单告仲鲁稍迟之故，余又欲先借福安驶至湖北，于日内开行，樾亭云商之重伯，事未可也。

初八日　晴。访樾亭，伯严、恪士皆见。炎热异常，大类入伏。阅《楞严经合辙》一册。

初九日　晴。作小楷千余，异常之热。

初十日　晴。入夜大风，骤雨雷电。日间发痧，颇委顿。

十一日　晴。余督行李登舟，天气大寒极似初冬，时气不正，行旅之患也。早饭樾亭处，苏生为刻道希二字印章见赠，刀法斩绝，极类汉印，可宝也。

十二日　晴。

十三日　晴。舟中闻改十六开行，焦灼之至，樾亭亦无如何也。

十四日　晴。阅《李文恭奏议》十余册，其才甚敏，然非能任大事者。

十五日　晴，午后雨。仍到乡间小住，阅《陆宣公奏议》。

十六日　雨。偕樾亭仍登舟，申刻略开，上溯十里，仍泊原处，入夜始知明日开行之信，盖是日曾家有婚事，群往贺喜，故竟不能成行也。

十七日　晴。舟已发火矣，而管带杨思庆者忽来，言曾总督之孙女将坐此船，欲余等移舟，情殊可恨，商之樾亭，亦甚怒。庆云船小，昨日始到，又闻拖带袁某二船故，意甚不欲，然事无知何，亦只好从之而已。

十八日　晴。早移庆云船，管带梁冠臣粤人也，苏生、樾亭同早饭城中酒肆。午后开行约百余里，泊芦陵潭。是日樾亭得仲鲁书，知初九已去鄂矣。

十九日　晴，热。午刻过洞庭湖，夜泊嘉鱼县属之红庙。

二十日　晴。申刻抵汉口，即过江访李芗垣。得仲鲁留信，又得其十六日上海电信，计已起程入都矣。夜宿芗垣署中，与芗垣、袁山、仲霖夜谈。见柳省塘进士。

二十一日　晴。芗垣招饮，樾亭、省塘同席。作信寄仲鲁、星海，仍电致伯愚，夜仍宿芗垣署中。

二十二日　晴。樾亭之亲戚璞琢之参将招饮，并为照小影，用干电甚速也。拜左笏卿山长，稍坐。辞。芗垣过江，芗垣赆行，辞之不得，受之颇愧耳。夜热不能寐。

二十三日　天明大风起，舟不能行。午后偕樾亭同过汉阳，登晴川阁，望江惊风动天，万窍怒号，足洗烦懑。晚饭汉口之金玉楼酒肆，二更归舟。作《登晴川阁望江汉》七律一首。

二十四日　晴。辰刻开船，行三百余里，泊纬阳口蕲州属。温《仪礼》七篇。

二十五日　晴。申初过九江，夜泊马当。温《仪礼》完毕。

二十六日　晴。行三百余里，泊大通，与樾亭登岸，观其廛市萧条，不类近江镇市也。阅《楞严经》。

二十七日　阴。船本两轮坏其一，又所拖带两船皆重载，故其行颇缓。申刻过芜湖，夜泊牛形河，通和州含山之水也。夜东风大作，大雨。阅《楞严经》毕。

二十八日　风大不能开行，雨亦时作时止，闷甚。夜拟秦少游词，得《满庭芳》一首：蘸水兰红，粘天草绿，征帆初遇潇湘，别时不觉，别后转凄凉，前路烟波浩渺，行之远，触绪堪伤。云间雁，月明孤影，愁绝楚天长。思量他日事，心期暗卜，灯穗成双，但千万丁宁，莫损年芳，稳系同心结子，便鸳鸯头白何妨，风兼雨，梦魂难度，欹枕听寒江。此词微具北宋体，然以示王木斋，又将谓有作指矣，岂非痴人前不宜说梦乎。明到金陵，将以示之为一笑也。与樾亭联句，五言长律一首。

二十九日　薄晴。到江宁，寓状元境集贤栈。

旅 江 日 记

光绪十七年五月四日　未刻由广东省城起程，用广济小轮拖带，行二十里，泊石门。是日大雨，申刻开霁。

初五日　卯刻开行，北风，西水转急，小轮机器既旧且坏，迟缓异常，不得已作书致子展，请易一船来，未知能如愿否？行五十余里，泊官窑，已薄冥矣。阅《朱子语类》卷一百四一卷，述自己用功处，令人悚然。其惬心者，略节一二于后：某所以读书自觉得力者，只是不先立论。方子三十年前长进，三十年后长进得不多。某旧年思量义理未透，直是不能睡，初看《子夏先传后卷》一章，凡三四夜，穷究到明彻。夜闻杜鹃声，过三更后，后得子展书云：遣紫电船，明日赶来拖带。

初六日　晴。卯刻开行，小轮搁浅一时许。是日行四十里，泊庙头。读《朱子语类》三卷。夜大风，闻紫电船已到西南相待矣。

初七日　大雨竟日，晚止。南风甚顺。紫电船竟未来，舟行六十里许，泊四会南港汛。读《朱子语类》一卷。日来自录《补晋书艺文志》丙部，每日数千言，手腕欲脱，殊自笑也。作五律一首，题为《粤江雨望》，已录入文集。夜有小轮同泊，问之，乃厘局遣往清远提饷之船也。因往说其拖带，强而后可。

初八日　阴雨，北风。卯刻行，遣广济轮归，小轮拖带甚捷，行百二十里。夜抵清远县泊。读《朱子语类》八卷，读语类胜于读文集，以精神如告也。朱子谓读《论语》，较有益于《诗》《易》，即此意得诗一首：舟行清远、英德，宿雨新霁，山川晴峭。征雁归犹昔，峡猿声未远。山川互超忽，岁月何悠缅。岩悬采旭鲜，林带残露泫。烟稠识村近，帆欹知岸转。沧波坐移人，前尘若在眼。和舷歌屡发，恍若心未展。渺然忆同怀，望云寄微款。

初九日　晴，东北风。卯刻开行，午刻入峡，泊峡山寺，雨刻许。丙子曾登此山，今以暑热，不复继前躅矣。行六十五里，泊白鹤汛。读《朱子语类》四卷，论谢太傅处，未叶余心，太傅大半是英雄，朱子错看了也。作邹唐夐妻《静宜轩遗稿序》一首。

初十日　晴。午后南风甚顺，行一百里许，泊黄城口汛。读《朱子语类》八卷，救荒之政，别纸记之。对孝宗语，言将帅多由内官，余读封事时已考之，更当作一文，详论南宋任将始末也。

十一日　晴，无风。行七十里许，申刻过英德，夜泊妙昧。读《朱子语类》四卷，言《大学》纲领处，则朱氏一家之学也。

十二日　晴。无风，行六十里，晚泊隆顺引。读《朱子语类》四卷。自达摩入中国，而释氏之学一变；慧能出，而心学盛行。宋一代儒学，皆取佛学，而改头换面者也。周子却兼有道家，然自是之后，儒者能卓然自立者，殊不乏人，此则得其益而不受其害者也。但使五伦不废，世法恒存，何必斥庄老，诋刹利，而后为儒者卫道之功哉！昔戴子高致书陈兰甫师云：当尽阅释藏，摘其蹈袭儒家之言，尽发其覆，余阅释典多矣，未见其依附中国之迹也。

十三日　阴。午间微有南风，过朱子畬通守船，停舟略谈，托其带邹唐夐信，并其妻诗集三册。申酉间风雨并作。是日行六十余里，泊大坑口。读《朱子语类》四卷，朱子极严紧，而及门诸人似皆不足以启发，宜所以传之不谛也。临褚河南书《圣教序》毕一过。

十四日　阴。未申间大雨。行五十余里，泊罂子窑。读《朱子语类》五卷，《论取士》一卷。其弊至今，日甚一日，不知将来何所底止也。

十五日　晴，无风。行六十余里，泊河西尾，去诏州城五里。读《朱子语类》三卷，使人悚然。时光之迅速，恐淹留而无成也。朱子训寿昌处，深通禅学，名儒固博通如是。

十六日　晴。寅刻到韵州，至清关，从周侄来谈。往拜张翰卿太守赓扬，归舟，甘子元之子开臣来，张翰卿来，刘芝寿来。午后从周侄司狱署中，夜饭张翰卿府署中。二更归舟，月白如昼，苦热不能成寐，读《朱子语类》一卷。会馆首事云：已定戏及筵席，留明日上半日，莫开船也。

十七日　晴。晨至江西会馆，首事刘姓等八人皆集，有广东知县尹育堂在座，乃因事来韵者，熟识也。演楚南如意班，请张翰卿见陪，余半席即行，诸人皆送至舟中，时午刻矣。开船后热极，为起程以来所未有。申刻起西南风，入晚转大，戌亥间始泊。船行五十里许，泊处名下墟。读《朱子语类》三卷，训门人语多痛切，数十世后如见其心，来学所当奉为榘矱也。论兵刑处，则寥寥数纸，未满所资之意。

十八日　阴，午后大雨。舟行约五十里，傍晚过杨溪汛，泊江口。舟

人云：水程七十，殆未确也。读《朱子语类》三卷，《论治道》一卷，可谓洞见本原，随时二字，则大旨取之老氏。

十九日　晴。午后抵乐昌，往盐埠拜姚俊卿筠学博，沈芷邻之弟少麟亦在此。往拜方总兵友升，已由新开路赴郴州矣。问之俊卿，以为此路必难开就，而张委员光祯在省时为余言，则以为必成，姑俟之耳。俊卿邀晚饭，埠中小有园地。是日余颇不适，得此聊以避暑。二更后回舟，已雇定泷船矣。读《朱子语类》五卷。

二十日　阴雨。俊卿、少麟来送，巳刻开行，虩船局促，为行役之至苦，若韩昌黎、李公垂所述之险，则殊不尔也。行六十里，泊白马泷下。

二十一日　阴，未申间大雨。行一百里，泊罗家渡。过韩泷时，登庙一阅，龛里帐霉，令人悄然。

二十二日　晴。申刻一霎雨，巳末抵平石。宿广生店，夜不成寐。

二十三日　晴。行四十五里，至大坪。途中峻岭颇多，楚粤分疆，山脉顿异。到店后大雨，天气骤凉，酣眠竟夕。

二十四日　晴。尖于良田，偕陈树屏阅其家祖茔，所谓螃蟹形者。傍晚到郴州，寓大生店。晚饭后，妇弟陈璞臣来，行李未到，借帐被为榻，虮虱极多，睡不安寝。

二十五日　晴。午间行李始到。晚宿璞臣家，寓在西塔街。是日到，拜陈家各房，晤少山、炼臣、伯修、鼎臣、翰臣诸人。

二十六日　阴。为人作字甚多，夜回店宿。

二十七日　阴雨，偕璞臣、少山、炼臣游叉鱼亭，遂由白鹿堂护碑亭，登苏仙岭，山极高。韩昌黎云：郴州如在天上，此山又郴州之最高者。归途笋舆忽散，余冒雨奔下，足力极健，尚可为济胜具也。访义帝家，游桔井。是日陈氏招饮者四处，均不能终席矣。

舆中得登山绝句一首：山鸟招人一再呼，登山聊问意何如？凌云直上三千级，猛觉迢迢与我疏。

夜宿璞臣家。

二十八日　晴。登舟，由小船到瓦窑坪，伯修请早餐，少臣诸人送至苏桥，璞臣、树屏、鼎臣送至瓦窑坪。树屏忽大病，吐泻数十次。谈谈未。

二十九日　晴。午后大雨。舟行二百余里，泊十八湾，过耒阳二十里矣。读《大乘起信论纂注》一卷，阅《东方交涉记》十二卷，以英人论俄事，而曲英直俄，甚矣俄人之狡也。

六月初一日　阴。微雨。舟行三百七十里，夜半过衡州，读《大乘起信论》毕。此书以止观教人入手，其所云施门，即檀波罗密，戒门即尸波罗密，忍门即羼提波罗密，进门即毗梨耶波罗密，止观门即禅波罗密也。马鸣已专重禅，不待达摩矣。

初二日　晴。抵橘洲。

初三日　晴。抵湘潭，寓袁州宾馆。袁安臣来，醴陵人，候选训导，前在萍故交也。

初四日　晴。移寓石阳宾馆，同人以余原籍庐陵，而袁馆太小，故见邀，馆中祀信国公。

东 游 日 记

小　引

　　余昔时舟车南北，咸有程记，闲居讲肄，亦有日历，博辩古今，综观人物，致足乐也。既而思之，明镜之照不留其影，飞鸟之过孰遗其音。课诸己也，人命存于呼吸；观诸物也，万象著于森罗，盖可以无记而记，不言而言也，于是辍翰二十余年。岁暮远游，扁舟寂寥，属有纸笔，又复写记。江山犹昔，风雪萧然，非有好怀，聊以永日。过恒河而皱面，未改童心；题汉腊以编年，敢忘旧学。己亥十二月萍乡纯常子书。

　　光绪二十五年己亥十二月初三日　由长沙省会起程，北风甚大。午阴，舟行二十里，泊下矶港。

　　初四日　阴，北风。舟行五十里，泊靖港。途遇永吉汽船，询之，乃十月中搁浅，日来水长五尺，甫能动轮，将仍赴湘潭也。靖港龙王庙顾亭林以为塑明太祖像极似，余去年春间，与陶榘林观察同往观之，香烟熏绕，不见真容，且经兵劫后重塑者，亦必不若前，今不复诣矣。

　　初五日　大风雪。舟不能行，仍泊靖港。

　　初六日　晴。是日小寒节，舟行五十里，过湘阴，又三里许，北风大作，遂泊舟不行。湘阴濒江，有洞庭庙、伏波庙，未知其所祀即马将军否，未暇问也。

　　初七日　天明行十里许，北风大作，继以雨雪，舟不得进，遂泊黄茅滩。夜甚寒，二更后有月色。

　　初八日　早阴，巳刻风定，天气明沏，夜月澄霁，惟霜气寒冽。舟行百余里，泊岳州南津港。

　　夜渡洞庭五律一首：雪月幻湖光，空明夜气长，荒洲时见火，回浪远疑霜，枯苇迎征棹，饥鸟集去樯，荆吴路修阻，游子漫思乡。

又口占七绝一首：舟人祈福向灵君，我有狂言愿彻闻。借取重湖八百里，肆吾十万水犀军。

初九日　晴，南风。移舟泊岳州城外，问轮船公司，昨始开两轮赴武昌。拟别附民船，旋闻公司有电，促问津来岳州姑待之。午间由岳阳门入城，城中商瘠民贫，不抵一壮县。积雪初化，泥深难涉。出南门归舟。夜风定，月朗，读书可娱。岳州亦新设邮政局，作家书付之。

初十日　晴，东北风。候轮舟未至，乘笋访鲁肃墓，墓题吴鲁公肃墓五字，光绪十五年巴陵知县某所题，可谓不典；土人相传，棺悬穴中，未入土也。旋至小乔墓，入门有庙，庙左有冢，冢高十尺，题二乔墓，墓上女贞木一株。环冢有回廊，廊尽一室，题曰欢轩，用《江表传》语也。府县志以为二乔姐妹合葬于此，近年有岳州知府沈廷镆者，集资修此轩亭，改题小桥；同一不可考，何必改作乎。鲁肃墓，《寰宇纪·舆地纪胜》，必应载之，惜行箧并未携也。道士钟姓，强聒不已，兴尽回舟。

《清平乐》：巴丘停棹，香冢聊凭吊，眉样君山青未了，一例湘娥缥缈。当年夫婿英雄，而今荒草吴宫，休问芳魂在否，年年点缀东风。

十一日　晴，南风。若初九日不待轮舟，此日亦可到鄂矣，天时人事岂可量哉。登岳阳楼，观木石刻，恶札满壁，张得天之书江太堂之诗昱差强人意耳。

出南门游宫仙亭，仙书吕纯阳言，惟有城南柳树精，分明知我神仙过，盖即此地荒冢累累，杨柳萎矣。正殿祀岳鄂王，报平杨么之功云。庙颇倾圮，久驻兵牟，新移城陵矶，以开埠通商之故。登楼四顾，形势历历，前对君山沧波重重，后瞰金鹅抻颈欲啄，或云吴三桂用兵之处也，废炮数墩，犹在高岭。闻新裕小轮开行，急附舟登程，夜泊城陵矶。洋关虽开，商贾寥寥，闻十月以来，关税才二百金耳。

十二日　晴，南风。晨起开轮，夜泊簰洲，过宝塔洲时，轮舟拖带之巴杆船装载有数百捆纸，查验还税，停滞一时许。薄暮，转东北风。

十三日　晴，北风。申刻到汉口，寓汉报馆。阅各报始知山东乱事已蔓及直隶。又闻法人要索各款，殆不可从。四川又有连陷四城之说。意大里事虽不遽起，亦未敉平，百忧攒心，四郊多垒，夜不成寐，但玩月色。

王把揔言，大汽船往宜昌者，近已绕道城陵矶，可载客。若如其言，则余滞岳州时，已失付一船矣，恐议之而未行，不足据也。

十四日　晴。宗北平招饮西菜馆，景维行招饮月华楼。作书致沈乙庵，索《大藏经》字函第十帙，未得复。

光州有举人梁元太，字肇川太或是泰字，奇士也。年已五十，北平为余言之。

十五日　晴。沈子培刑部渡江见访，日本濑川领事邀早餐。访郑苏龛同年，与培苏两县，畅谈竟日。夜亥刻附璈和轮舟开行。

郑苏龛诵其挽江建霞诗，有句云：不出固应全首领，独存真欲裂衣冠。语意沉愤，真不易得也。

十六日　早晴。巳刻过九江，泊舟一时许。午后北风大作，虽江行而有泛海之势，白日亦晦昧无色。夜过安庆，同舟陈户部昌峊，字立堂。稍谈片刻，言湖南有黄菊圃者能通太乙数，人以生年、月、日、时请算，黄但检书中七八字与观，则始终备矣，曾闻蔡伯浩粮道言之，亦以为甚验也。

十七日　阴。平明过芜湖。巳刻过江宁，又三十里许，见乌龙山新修炮垒，用本山土筑，色与山同。先是光绪初元，余游江宁，寓梅筱岩姻丈署中，曾偕其子侄同至乌龙山，观所筑炮台及机厂，时统兵者为吴筱轩提督。后炮台屡改，机厂亦移，前时用黑色兼在山下，今则两层各有炮座，若以西法论之，未知今昔优绌若何，然使敌舰得攻此垒，则金陵已在掌握中矣。薄暮抵镇江。

十八日　阴微雨。午刻到上海，实甫八弟尚寓汪甘卿家，访之，知白隆已行。夜寓长春栈。

十九日　阴。于实甫弟处遇日本人本田幸之助，诗人也，评量古今，而以杭堇甫、厉樊榭二人为宗主。近时东人诗学由清淡改浓缛，极有可观，森槐南与本田野口三人，其标帜也。遂游张园，藏园已拆毁，惟红梅二株依然，拜客数家。晚赴素行招饮，与希元、小沂、实甫夜谈。甚眠迟也。

二十日　雨。

二十一日　早晴顷许，终日沉阴。徐仲虎、姚子芳来，均不遇。夜沈小沂来。

二十二日　晴。偕希元、实甫游愚园，遇苏理文由非洲回，述英脱战争事。晚登杏花楼小酌。

见利马窦《天文髓》二十卷抄本，颇讲占验，盖伪书，有天启八年吾乡欧姓一序，亦不足据。

二十三日　阴雨。晤英吉利副领事白尔，能华言，谈商事甚悉。日本总领事署理小田切万寿之助，为王爵棠中丞作六十寿联，属实甫弟书之，联云:"持节至波罗海边,三疏乞雄师,岳立早孚天下望。举觞看皖公山色,五云晖岁朔,江声为贺使君来。"爵棠以元日生,明岁年六十,甲午使俄,一役已定,请兵购船诸事,为人所尼,几以获咎,其事可称也。晚郑陶斋来谈。

二十四日　阴,夜雪雹,寒甚。阅报,将聚集百僚,知国心有大政矣。

二十五日　阴霾雨雪。午间中外日报馆传单已为穆宗立嗣。子芳来言,法人尚有他信,已调兵东来,未知信否?若各国干预内政,则大势可危也。

上御宇二十五年,勤俭忧劳,盖无一日得天下之奉,今乃脱然高蹈,所谓黄屋非尧心者,庶几见之,天容永固,当自此始尔。

二十六日　午间薄晴。闻中外人心愤激,闲坊冷市论议,亦复纷咴,国事民情,隐忧何极!

二十七日　竟日雨,夜大雨雪。阅报知寓沪绅商,及耶稣教会有电至译署,请上仍亲政。又郑陶斋来,言得盛杏荪京卿电云,大厦非竹头木屑所能支也。

二十八日　大雪,午后止。往实甫弟许,途中玉树交枝,璀璨天地,亦奇景也。汪穰卿来,言得湖北信,郑苏龛、梁星海将赴都,伏阙上书,未知确否。晚间又闻希元言,昨寓沪之绅商发电者,皆交南洋查办,其列名于首者为经观察元善,业已被逮云。

二十九日　晴。午间得京电,皇太后懿旨饬部检查万寿典礼,以皇上明年六月二十六日,为三旬万寿庆辰故也。薄海臣民当可稍慰,数日以来,汹汹之甚,或冀少息乎。子芳约迁居兴申里,若东游不果,当移居耳。夜街市悬灯颇盛,今岁沪上商贾获利者多,故无窘迫气象。

"阅日本略历本,一月一日四方拜,亦男子桑弧蓬矢之志,此礼俗之可纪者,黄公度《日本国志》未载,是当补也。倭名'类聚抄',以此为庶人礼"。

三十日　阴雨竟日。午间闻明年皇上三旬万寿,以正科作恩科,余一切祝嘏典礼概不举行。是日迁居兴申里,夜子芳招饮李宅。

宗人文范夫言,苏州文姓元时有改冯姓者,故至今有冯姓冢墓文姓兼祭之。又言自文文肃后,家训但许耕读,不许入仕,故至今二百余年,未尝有一人名列搢绅者。

光绪二十六年庚子正月初一日　阴,午后微雨。伯元、虞裳、素行、

希元、子芳、甘卿诸君并来，实甫弟亦来。晚餐李伯元家。

二日　早晴，少顷阴雨。三日以来爆竹声稀，以英人禁之之故。天雨迷闷，游人冷落，沪上新年所未有也。

三日　雨。略往交友各家贺年。午后游张园，士女畏雨，无一人至者。池水初活，远树蒙烟，小桥一弯，荡漾粼翠，乃真有园林景象，胜于平日也。晤日本领事小田切君。是日阅报，知王公近臣均荷万寿推恩之赐。

四日　薄晴，寒甚。山根虎臣以诗送余东游，有"沧海横流悲故国，蓬莱清浅泛孤舟"之句，合作也。西村时彦亦见赠五律一首。晚晤王木斋，云志伯愚侍郎由乌里亚苏台见寄唐阙特勤碑一纸。音问阒然，俄已四载，万里之隔，有如晤语，喜复怅也。

五日　立春，晴。访客数处。夜集杏花楼，同人为希元贺生日也。

六日　晴。偕木斋游张园、愚园。木斋送《阙特勤碑》来，自双溪《醉隐集》后，见者颇稀，近年始有拓本。行箧无《唐书》，惮于作考记。《辽史》有夷离堇，则勤堇之音，固东北夷房所有也。碑右边有字一行，当是突厥文，惜不可识。

七日　晴。访徐仲虎京卿略谈。借阅新译法律医学，乃西人之洗冤录也。其中异同甚多，且西人身理，实有与中国异者。国家设医院改刑律，此等书宜汇同参考，更以年年所得修改之，此明慎之法也。夜阴，数日以来寒甚，素行招饮酒楼，亥初始散。

八日　晴。日本山城丸到，定附之东行，因到各知交处辞行。傍晚陶斋招饮。

九日　晴，入夜雨。仲虎、楚卿、子芳、木斋并来。穰卿、幼宜招饮。余易斋招饮未赴。其来函云善夫在座，余不知善夫何人，询之穰卿，乃知为宋芝洞改字也。

口占一首：腊破春归江上晴，水边篱落未闻莺。剑囊琴箧粗料理，又作东溟万里行。

十日　晴。笏臣、楚卿招饮。小田切领事招饮，兼赆行。陶斋、子芳、纶卿、小沂诸君来送行。夜戌刻登舟，舟中复与诸君子畅谈。希元独送至长崎，交谊可感。

十一日　晴。辰刻开船，水色自黄而青而黑，舟行安稳。余左目红肿，避风不能登篷顶眺望，亦一苦也。

十二日　晴。申刻见五岛山，亥刻抵长崎，月色佳朗。有医人登舟，验舟中人身体，言有病人，故是夜不得登岸。

十三日　医者来三四人，乃定舟中病人非疫气也，舟始入港。若有疫气，则当停泊港口十许日矣。窃以为定例之未善，他日各国必当更改，此时医学未精，故无善法耳。偕希元至酒楼馆酌，饱啖鲸鱼，笑拈梅蕊，良用破寂。饭后投三井洋行书，晤伊泽良立，复游长崎商品陈列所，磁漆丝竹之品良多。上诹访山观格兰脱手植树，树则成阴，而其人往矣。又观辄访神社，知日本神教与中国祭山川、祭社稷之类同出一源。目病未瘳，游览殊草草，申刻回舟。希元附西京丸返沪，五点钟许，舟仍开行，月明风净，夜眠安善。

长崎小泊一首：未甘华发老风尘，鼍眼波红更问津，云锁神山盘俊鹘，风回玄海有潜鳞。可无徐市行时俗，如见田横岛上人，酒所忽惊春浩荡，梅穰松翠及时新。

十四日　晴。晨抵马关，所谓赤闲关也，有古庙，为合肥媾和地，余目疾畏风，亦不愿经此辱地，损人神智，遂不登岸。马关对海，地名门司，市廛修整，日本人言十年前绝无居民，知成邑成都在人为耳。十二点钟开行，南望筑肥，前后北窥安艺周防，萨摩长门，岩户森列，秋津一州宛在眉目也。内海风景行人比之长江，海水湛碧，群山背崎，斯为异矣。

十五日　晴。晨抵神户，同文会中人中西正树君，已由东京来迓，可感也。饭后理事官欧阳立斋同年到旅馆相晤，因入署稍谈。旋浴温泉，登酒楼，当垆之人婉娈宜客，又呼艺妓五六，鹍弦象拨，齐奏和歌，翩舞应答，疑若可解。月色皎白，深夜始归。

岩内君云，日本樱花非梨非杏，然曾游四川峨眉山中见之，又经奉天金州，此花亦繁，虽振艳于神山，非绝迹于震旦，特无言自芳，未经题品耳。暇日当检《广群芳谱》《全芳备祖》诸书证之。

十六日　晴。午后游大坂，偕李君凤年及中西君同行，历游书肆，观炮台及陆军团队所。晚酌于中国酒楼，三更许归神户，雨雪。

十七日　晴。午间乘汽车，欧阳立斋暨翻译李君凤年并送至车栈。是日过西京等处，行八百余里，外览之景，以琵琶湖为最佳，电机所发无物不应，亦深悟唯心之学，不隔形骸，默参消息，未防渗漏，使人身毛皆竖。

十八日　晴。晨至日本都城，即江户旧地，今为东京。永井、白岩、国友、田冈、本田、田边、田锅诸君已在车近相迓，握手道故，欣然语笑。木斋遣车来，因先至旅馆，乃往相见。三年之别，沧海生桑，絮谈久

之，宏琐兼及。田边、白岩邀至酒馆，选舞征歌。漏深始散。木斋仍同至旅中，稍谈而别。

十九日 大雨。早起偕白岩访同文会诸君。午饭于使馆。饭后至华族会馆，近卫公爵、长冈子爵在此相待，叙谈少时，登三王山啜茗，东指美洲，南临沧海，北望北海道，而西则吾中国也。《管子·海王》之篇孰知其意哉。永井禾原君招饮香雪轩楼，同集者森槐南、本田幸之助、田边为三郎、永坂周二暨永井君之弟三桥，又白岩岩永共九人，作诗数章，情韵交美。

二十日 晴。清浦奎吾约谈片刻，外部次官高平略谈。往观上议院，规模亦颇宏敞，演说选举事甚久，惜吾不解东语，未知其意所在也。饭后往拜南条文雄，未遇。亦往候中西正树君，不遇而归。内藤虎之助来谈甚久。

各国制度无纯美，亦无尽非，立法而行，又随时斟酌损益之斯为美耳。左右佩剑相笑不休，我所不取，若参以宗教家之言，预揣不可知之事，以为治道在，是则尤矮人观场，祇见其不知量也。

二十一日 阴。发中国信。永井禾原来谈。偕白岩子云游上野动物院。上野之地，乔木参竦，山谷回互，气象极有可观，而动物院殊未满人意，鸟无灵鹫，兽缺雄狮，独角之符拔，四手之猩猩并未得见，大蛇绝无，巨象惟一，惟熊类数头，紫髯狞猛，差足壮观瞻耳。旋游帝国图书馆，阅书者百余人，检其篇目，余所欲睹之书亦近百种，因购其目录而归。椒微招饭红叶馆，夜深始散。

二十二日 早访野岐君见因，访本田种竹，图书四壁，皆华文，宋元明清四朝集部略近百种，又所游之地，皆携断瓦文石而归，其好事可喜也。南条文雄君见顾，匆匆略叙数语，约改日畅谈。佐佐友房来寓，去岁游欧洲归，纵论大势，以为英不战俄而战脱者，以其形势相近，利害所重也。又谓英之沙侯为第一流人，德之国主英伟无匹，其说如此，要之真欲用世者也。

二十三日 晴。早访椒微，午赴野岐约。席散往下议院观议。归游书肆，购哲学书数种。

阅《东京图书馆一览》，有宋椠《大唐西域记》《啸堂集古录》及朝鲜人写本，洪凤汉等《东国文献备考》二百三十五卷，颇欲往观，俟诸异日。

《帝国图书馆和汉书书名目录》又有安南吴士连大越史记，全书皆关亚洲故实，欲并观之。

二十四日　晴。拜松平正直见。偕椒微往观博物院，衣有裲裆，乐有箜篌，阮咸、图籍有宋本《广韵》、宋本《圣惠方》，皆足供考古者之玩。列藩之金银货币，各邦之尺度权量，则学者所有事也。此院为凡有国所宜设，盖禹铸九鼎，以知神奸，此其遗意矣。晚饭星冈茶寮，夜深乃散。欧阳立斋由神户到东京。

二十五日　晴。偕椒微、笠斋赴大森观梅花，天时太寒，花事未盛，然树古干古，山亭空嵌，致足乐也。日本内务大臣西乡从道约见，未赴。晚归得家信，又实甫弟见寄《念奴娇》词一首，笔意壮阔。

二十六日　晴。往拜福岛，午间近藤氏招饮宅中，同集者清浦、近卫、野岐、矢野、田边、白岩诸君，余与椒微、孔怀三汉人，耳奏乐，能狂言，剧名《舟辨庆》《媪之酒》，凡二出，舟辨庆者，演源朝臣避难之事，媪之酒则为老妪盗酒，大致与中国演剧同类，惟声调迥别耳。薄暮往佐原、希元家，见其母及弟妹，门庭虽小，喜其辑睦。

二十七日　晴。偕立斋游横滨，商市殷阗，不及上海之半。饭冯孔怀家，旋偕游植物公会，四点半钟，由汽车回东京。福泽舍次郎招饮，闻得北京电，山东士人有与德意志铁路工兵开衅之事。晚至椒微处，谈至深夜。

二十八日　晴。诣椒微、立斋处畅谈竟日，见椒微所购小学校博物器具，叹为有心人也。是日发上海信。

二十九日　晴，大风。近卫招览华族学校，今改为学习院，有初学、中等、高等三种，体操、剑击、步武，亦兼有陆军规模，惟每年经费仅八万银圆，尚觉规模未廓也。旋诣益孝田家，略谈归，本田、小林来，均未见。

二月初一日　内藤来，同往晤大内青峦洞下居士也，赠余《洞宗联珠集》，日本佛法，曹洞盛于临济，曹洞宗之寺一万六千，临济宗仅六千而已。大内所藏唐人写经甚多，有朝野鱼养，及僧空海所书，皆可宝也。又偕中西君，同诣大隈重信，日本前执政也。久谈后，观其园中养花凡数千种，有印度、非洲各品，皆奇艳，灵秀之气何所蔑有，以此知造物之无私也，然果有造物者乎。晚至椒微处谈，归，阅《僧史略》，赞宁文笔盖五代末大家。其所著作，非契嵩，文莹所能及也。

是日阅上海报，知故人盛伯希祭酒逝世，才志未伸，风流顿绝，为之伤感者久之。

二日　微雨午后阴，应伊藤博文侯之约，往谈一时许，政事才也，然神识未有过人处。晚赴近卫霞山之招，设席伊家，出所藏源顺倭汉抄稿本两卷，书法甚精，千余年来字画完好，真宝物也。又出其先人家熙，《唐六典》校本底稿数十册，博引群书，字字校勘，凡二十年乃成此书。晚得宋本与所校处八九相应。日本改革以来，官制颇善，当时大臣能通知古今，故未易及矣。又在椒微处，见影刻唐人写本，《丧服小记疏义》一卷，无正文。

三日　晴。偕椒微、子云往红叶馆，为三岛毅贺生日，见宗重望樱井熊太郎诸人，晚集于蜜多里亚酒馆。是日内藤来，见赠《日本美术史》，南条梵木阿弥陀经讲义诸书，言金七十论会本，亦大内青峦撰也，题他人名耳。

四日　晴。早餐野崎家，忽地震，窗棂格格有声。日本习以为常，有一月七八震者，房屋率低小，多用竹木，少用砖石，亦以此也。福岛安正来，大坂石埭约晚餐，石埭作诗知医，未至中国，而甚慕华风，饮食居室，皆用华制，颇得其似，亦可异也。森泰二郎、本田幸之助、速水一孔同集。

五日　晴。板垣退助片冈健吉等约谈，皆自由党人也，必欲余谈政事，余无所言，略问其党中意旨而已。访森大来重野成斋，并不遇。晚宫崎招饮。

六日　晴。访冈千仞，十七年前广东旧友也。颓然老矣，而劬书犹甚，问其子业成否？以笔答曰大学堂卒业，已考文科；然老夫所学汉土之学，不知今何所为大学，何所为文科也。午后南条文雄来，余询印土近教，皆一一告我，此当今佛门龙象也。余劝其著一书，以唯识宗遍摄近日哲学各派宗旨，南条以为然。益田孝君招晚饭，偕椒微往，近卫清浦诸人同集。夜归，椒微来寓久谈。是日子云以病入医院调理。

七日　晴。往观印刷局，见湖北托制之银纸，款识未精，纸张较大，虑不便行用也。龟谷行来。

八日　阴微雨。接希元、实甫信，言近日上海颇汹汹也。往观裁判所，余问清浦司法，日本判狱用陪审官否？清浦言陪审官无益，荷兰判狱无陪审，今日本采荷兰法亦不用。余记井上毅《梧阴文稿》，亦曾论之。日本虽取法于荷兰，实发端于井上也。冈千仞约同游小西湖，重野安绎在焉，尚有老者数人，亦有丽人三人，略谈片刻。是日在椒微处，遍阅上海各报。

余问重野，欲得日本《兰陵王破陈乐谱》，前者近卫公，固言可得也。重野未言及《乐谱》事，以笔答云，此间有雅乐部，明治以后属式部职，存肄不失随唐乐之旧，外有高丽乐，大抵与《唐书·乐志》同，丽乐今朝鲜亦不传。

九日　晴。福岛安正约观陆军学校中之幼年、中央、士官三学校，归，西乡重道又约相见，偕冯孔怀往谈片时。晚与椒微谈至夜深，见其所购唐宋写经数本，及宋刻大藏零本。

西乡言，治国以民兵为本，而民兵以警察署为本，日本初办警察时，由鹿耳岛始，皆选精兵为之，后幸有成，而推之通国云。

十日　晴。内藤虎次郎约至上野公园三宜亭，岛地默雷，村上专精高楠顺次郎、藤井宣正、梅原融、岛田蕃莨、高乔本、吉田代直树、松冈又五郎、上田三德诸人同集。岛田氏广求中土所佚释典唐寄归杨仁山重刊。藤井撰佛教史。村上、岛地皆颇有传书。高楠年甚壮，而能通十数国语言文字，真奇士也。诸人约晚餐西洋酒楼。宫崎来稍谈。

十一日　阴晴不定。岛田蕃根来，申刻汉学家四十余人，邀余集于八百松间。仿柏梁体赋诗，余起句云：海山葱笼云气开，森槐以南携诗来。重叠"颖"、"丙"韵七古。余即席和之。颖韵云：平生所遇无不适，未暇雌雄较抗颖。丙韵结句云：愿将秃笔写名都，自压燉煌记刘丙。仓卒之间颇赖腹笥未贫也。是日同集者，重野安绎、冈千仞、森泰二郎、长尾槙太郎、末松青萍、荒浪市平、藤田达芳、日下东作、成濑温、内藤虎次郎、岩谷修、饭尾麒太郎、松前让、龟谷行操岸上、柴原和、薄井龙之、大烟弘国、田代真树、入江为守、速水一孔、手岛知德、本田幸之助、滨村藏六诸人，大抵皆名士。

十二日　晴。后藤邀往作书，座中有田水女士，云学汉文二十年，学易十余年，颇通筮法，曾在日本天皇宫中，教皇女读书。诣医院观子云病，虽无痛楚，神气尚弱。往椒微处剧谈。以《礼记孔疏》，证此间由内府所影刻写本之《丧服小记》，子本疏义，乃知真梁皇侃疏也，三鬃脱服等说，皆与释文正义所引皇说合，冲远疏成之后，六朝旧疏荡然，得此一卷，真希珍也。《日本访古志》既未之载，黎纯斋、杨惺吾，亦未之见，异哉！购得《义楚六帖》一部，虽释家类书，而引儒书真不少，晁氏《读书志》曾载其目，洪遵《泉志》亦引之。近数百年来我中土，遂无有述及此书者，盖佚之久矣。书成于后周时，所见古书正多可宝贵也。

十三日　晴。来客甚多，酬对颇苦。午间偕中西正树君游爱岩山，遂

入德川氏第七代、第九代墓祠略观，制度颇壮，幕府威福，尚可想见。速水一孔来。椒微来夜谈。

十四日 阴。午后大雨，入夜不止。偕中西正树君同访犬养毅，赠我日本匕首一具，三百年前作也。夜始归寓。

十五日 晴。得实甫弟信。松前让来，将归北海道也。与椒微、孔怀晚间集于湖月楼。有艺妓，属意于优伶者，席间屡出其照像，与之接吻，又执笔作书寄之，问之则此妓亦曾在学堂肄业者也。中川义弥言，近来国中风气，男子购妓者像，则往往秘藏，不敢示人。闺阁中购优伶像，则归呈诸父母之前，亦不见责，深叹习俗之弊云。

十六日 晴。得王子展书。长尾槙太郎，手岛知德，岛田翰林。岛田约往观其所藏。午后往看白岩，子云病已霍然矣。诣内藤寓，见《古筝谱》《藏箓谱》，未暇借抄。诣岛田家，见绍兴九年九月十五日绍兴府雕造之《毛诗》单疏本，凡四十七册，每半叶十五行，每行之字，参差不齐。又《尚书》单疏本，则北宋端拱本，日本皇室图书寮所藏，而岛田借出者也。此单疏本，中土早佚于元明交替之间，两疏行数并同，惟北宋每段提行，而绍兴本诗疏则空一格接写，此其异耳。又有《左传》单疏本，名为唐抄，余疑其自宋本抄出，未暇考也。又有旧抄本《论语》，皇侃疏。宋刻开元《史记》尤精，每半叶十行，每行大字十八，小字二十三，《列传》中，老子在伯夷前，题建安黄氏刻本。又有宋刻经进东坡文集事略共六十卷，题迪功郎新任绍兴府嵊县主簿臣郎晔上进，其注即郎晔作，所谓事略也，每半叶十二行，每行二十一字，记张金吾之《爱日精庐藏书志》，有此书二十九卷，而此则六十卷，完善信可宝贵。又有新雕入篆《说文正字》一卷，仅《说文》部首耳，后题高丽国十四叶，辛巳岁藏书。大宋建中靖国元年。大辽乾统元年。据《朝鲜史略》，则辛巳岁乃高丽肃宗六年也，所题如此，其奉宋辽正朔，可谓谨矣。又宋高宗御笔草书《韵宝》五卷，依礼部韵写草字大刻，旁注楷字，卷末题：赵与懃监刊，当是宋宗室也。又卷子本唐人抄《汉书》，《扬雄传》一卷，前半失去数叶，自反骚前数行起，反离骚恐日薄于西山句，恐上有何字。奚必云女彼高邱句无云字，皆胜于今本。又仿唐抄《文选》无注本二卷，自《高唐赋》后数行起，至颜延年《太子释奠诗》。后写《文选》卷第十，《神女赋》实是玉梦，此抄分明。然唐人诗云：止有襄山忆梦中，则唐人固有作王梦者，未可据此卷为定论也。张茂先《励志》诗，田盘于游，此抄作出般于游，出字较胜，与下句居字相应。又北宋本《太平御览》一千卷，无所阙佚，真稀世之珍。台本《荀子》，宋刻《庄子》成玄英疏，宋刻《广韵》，皆黎纯斋《古佚丛书》之所本。成玄英疏有黎纯斋跋，所存仅五卷耳，后五卷则以坊刻足成者也。其余杜诗苏诗柳文、蜀本《黄山谷集》，宋元刻本颇夥，《道藏》四千余卷，弘治本亦具足。又有《文馆词林》第六百七十八卷，在黎刻之外。

天已薄暝，不能悉观，岛田之书，言有家宪不许出户，匆匆一览，仅就记忆所及，略书于此。筐中又未携《汉书》《文选》，未知有误否也。余托其代抄《毛诗》《左传疏》《东坡文集》《宋高宗韵宝》及《文馆词林》数种，已面相允，明当筹款付之。又岛田云，所作用《宋本论衡校记》，中土所刊《论衡·禄命篇》，缺去一叶，惜匆匆亦未得览也。是夜地震良久。

又记《毛诗》单疏、《左传》单疏本卷末皆有金泽文库印，盖库中旧书也。金泽文库书已散矣，足利文库虽千年旧地，今所藏宋元板本，亦不多。德川氏幕府旧藏枫山书，今悉入日本帝室归图书寮，即本国人亦不许假阅。岛田恒借公事入内，故得纵观云。按《江户名所图会》卷六云，金泽文库旧址，在阿弥陀院之后，相传越后守平显时营建，内纳和汉群书，儒书用墨印，佛书用朱印，印文楷字，竖金泽文库四字。后上杉安房守宪实执事时再兴，其后荒废，书籍散失。今所见两单疏，后皆墨印，真当时文库之遗。北条氏九叶繁昌，敦崇学问，其所藏庋犹足沾溉后人，幕府之世，固未可尽非也。

十七日　阴。偕内藤往那珂通世家，白鸟库吉、桑原骘藏在座，观景教碑影本。余尝立说，据《贞元释教录》，唐人称景净为弥尸诃教，即碑之弥施诃。弥施诃者，摩西之异译，近译又作梅瑟，实犹太教之古圣也。此为犹太教之古碑，而近时杨荣鋕、洪钧等，皆坚信西人，以景教为基督教之聂斯托尔派，殆近附会。前曾与高楠顺次郎往复辩论今那珂白鸟，亦与高楠同，皆误信西说。余曰景尊弥施诃者，弥施诃必其名也。明西洋人阳玛诺，释为救世，近杨荣鋕释为弥撒文义皆非。阿罗诃者，阿拉伯人称天神语，摩西旧称，回教沿之，若以为基督教，则碑中用西里亚文字，而称天独袭阿拉伯语，岂可通乎？诸君皆无以应，惟勉徇西人之信而已。余谓纵为聂斯托尔派所立，则谓聂派祧耶稣而述摩西可也，谓此碑为耶稣教则决非也，余说详《枝语》，今不赘论。那珂著《支那通史》，近专考《元史》地理，将刻成书。白鸣赠余以所撰《唐阙特勒碑考》一卷，惜以德文行之，余不能读。又言今土耳其文。与古突厥文大异，惟英人某者潜心考索，竟能读古突厥文，亦可喜也。手岛知德招饮，偕椒微同往，夜分始归。

十八日　阴雨。偕椒微重至岛田家，岛田有小疾，其所藏古书，未及详阅，欲见其明抄本《宋会要》及《文馆词林》，则请俟异日也。见宋本《庄子·郭象注》，镜字、殷字避讳，慎字不避讳，必在孝宗以前。宋本不足，以元刻补之，各得其半。又林尧叟《春秋直解》亦宋刻。又元刻《杨仲弘集》，有范德机序，字体略带行书，凡四册。又有北宋本《说文》，元刻郝天挺注《唐诗鼓吹》小字本，皆精善。

次韵内藤虎次郎见赠之作：七国三边正纠纷，惊猿失木雁呼群，逍遥旷野思遗世，缥缈仙山忽见君。奇字每询刘贡父，兵谋还忆杜司勋，灵芝畅草今犹昔，重理蜻州百代文。

十九日　阴晴不定。申刻雪霰。同文会诸友招宴于偕乐园，用中国肴馔，近卫长冈榎本，及犬养中西田锅等凡十七八人。是日偕中川至浅草朝仓书肆阅购书籍。闻近年有福建力钧者，来购旧本书，斥三千余金，故列肆中所存已无多矣。力钧曾撰《槟榔屿志》，余见其书。

上藤一记作《儒道管见》一书，求余阅定，其言儒学甚正而合古训，解《中庸》未发云，非谓无思无为，寂然不动之谓，谓性情弗激于物，而和顺之时也。解《孟子》性善云，谓人皆有善质，导而成之则甚，而圣人亦可至焉，皆与《东塾读书记》之说相合，是真知儒术者也。

二十日　晴。往上野琳琅阁购书，有宋本《太平圣惠方》，及影抄宋本《千金方》等书，以价昂未收也。往视子云疾，已全廖矣。

二十一日　阴雨。岛田来，见影抄北宋本《论衡》《新序》等书。冯孔怀招宴伊家，手岛同坐。内藤炳卿来，未见。

二十二日　雨。宫崎寅藏、黎觉人同年各招饮。

二十三日　晴暖，始有春意。清浦奎吾、松平正直、佐佐友房，同招饮于红叶馆。

二十四日　阴雨。

二十五日　招椒微、子云、觉人、秋水诸人，同集于冯孔怀家，子云不至。

二十六日　晴，大风。剑堂招饮。夜地震。平尾光女史来，言为余筮得晋易之互体蹇卦，因覆车伤手，故久未来，嘱余稍留以避连蹇之患，余曰独不见《爻辞》云利西南乎，此东方，余未宜久处也。

二十七日　晴。访子云，晚偕椒微至湖月楼小饮，小室重弘来，兼赠余七律三首，李埈镕来，未见。

二十八日　晴。午后阴雨，李埈镕复来，朝鲜国王之侄，大院君李昰应之孙也，颇以国弱势危为惧，余告以力政治兵，《孟子》曰未闻以千里畏人者也，埈镕甚慰而去。访屈山，其妻接谈良久。仍诣椒微夜谈。是日发上海信。

西京僧前田慧云，云佛兰西氏去岁游日本，自言得无著菩萨《大乘密严经》于尼罗河畔，以为希有，此大乘西潮之兆也。前者余闻南条文雄言，锡兰所藏小乘经典，西人颇复染指，余告以英人李提摩太，曾于上海译《大乘起信论》，将以流播西土，因译笔未工，故尚未刊布耳，今佛兰西又有此事，或者慧灯遂将广照耶。

二十九日　阴。阅上海报，无甚要事，知讹言将息矣。

三十日　晴。佐佐友房招饮狐鳗亭，为食鳗之地，而以狐为名，不可解也。冈本监辅赠所著《铁鞭书》凡四卷，已刻者仅一卷耳，崇儒重道，力戒浮薄，真鞭辟近里者，宜其不合时宜也。绪方二三来，明日当赴西京去。又中川克一即席赠诗一章五古，余依韵答之。

三月初一日　晴暖。天气昭朗，因游植物院，种类甚多，勾萌始达，然皆有向荣之意，足使人知生理之条畅也。往品川访花未开。小酌于西洋料理。晚偕椒微、中川同饮于绿屋。

二日　阴雨。入夜大雨，偕二三人游三皇山，啜茗，庙中方有神事，道士绿挥落挥，落梅满地，樱花已开一树矣。

三日　晴。椒微修曲水故事，偕余约日本文士三十余人，宴于向岛之植半楼，到者二十四人，尽欢而散。

四日　晴暖。偕宫崎访头山不遇。诣椒微夜谈。

五日　晴。内藤虎次郎来谈，言日本变政所以能稍有成效者，以外势不迫之故，且其弊亦甚多，外人或谓事事皆美者误也。椒微招饮绿屋。

阅唐释义从三大部补注，援引赅洽，立义坚确，台宗大书也，当嘱杨仁山刻补入藏，与《辅行傅法》《华文句义》等书，且传窥基唯识论，述记为慈恩宗要书，且无此书，则唯识论竟不可读，此尤不可不急刊者也。

六日　晴。早起游上野，观樱花开者十之五六，樱花无香，其色亦在碧桃海棠之间，惟以能以高树发繁花是其绝胜处。日本以樱为花王者，盖东方樱树至多，每连植数千万株，花时如云，绵蔓十里，故无能与之匹者；然则王者之称，徒以党众故也，使仅以一二株生人家庭院，则不过如丁香、海棠，聊供赏玩，若深山榛莽，偶著此花，则必不及空谷幽兰，芳

香自远也。日本人有《樱谱》，或以樱为扶桑，或以樱为樱桃之异种，后说胜矣。中川义弥之，以为在福建曾见两株，合之岩内所言，则奉天、四川、福建皆有，疑中国物土所宜，惟既不结实，其花又不足供簪戴，故植之者希耳。走别椒微、子云。申刻发新桥，来送者二十许人，友谊可感。夜将晓到冈崎。

七日　早晴。道过西京、大坂等，遂以午刻抵神户，招笠斋、中川及李仪亭登山小饮。笠斋复招饮于风月馆。俄而风雨大作，夜深方止。艺妓十弦、名酒再酌，良客中佳况也。鸟居赫雄来。夜宿笠斋许。

八日　阴，午后晴。仍乘山城丸归沪。得永井禾原信，已抵横滨，颇惜未一见也。早十点钟开行。

九日　晴。晓抵门司，船泊三时许。夜午抵长崎。

十日　晴。舟泊长崎，薄暮雨。酉刻开行。晚间略有风浪，同舟有呕哕者。

十一日　阴。日本人所谓昙天也，向晚稍晴。是日风力甚微，舟行平稳。

十二日　寅刻雾下。停舟不行，辰刻日出乃行。午刻到上海，希元、实甫、井手君来接，因得知一切事。旋偕诣小田切领事略谈，知日本外部已先有电告小田切矣。夜宿昌寿里。夜深大雨。

十三日　阴雨。小沂、楚卿诸人来，王木斋来。

十四日　晴。小田切来。午后游愚园，落红满地，江南春事已无多矣。薄暮到张园，晤余易斋、沈爱苍，立谈片时。晚曾紫庵招饮酒楼，偕希元、实甫往。夜雨。

十五日　雨。迁居兴申里。

十六日　雨。叶浩吾来夜谈。连日天气沉闷，微觉不适。诣井手谈，余言日本近时政策，不论东方大局，事有应办与否，但先以抑进步党为主，其他皆可缓也，进步党之意见，亦不论东大陆之事能办与否，但可以倾政府者，无不为也。故余在东京，不敢谈时事，固由不在位不谋政，亦知诸君之无暇及此也。井手拍手认可，而颇不满于其国执政云。

苏曼殊

作者简介

苏曼殊（1884—1918）　近代文学家。名戩，字子毂，后更名玄瑛，出家后法号曼殊，广东香山人。曾留学日本，加入革命团体青年会。后削发为僧，浪迹各地。擅诗文绘画，兼通英、法、日、梵诸文。参加南社，成为南社重要诗人。诗作以描写青年男女的爱情悲剧为主。著有《断鸿零雁记》《碎簪记》等。又曾翻译外国文学作品，发表《惨世界》14 回（译自雨果《悲惨世界》）。作品辑为《苏曼殊全集》。

住西湖白云禅院

白云深处拥雷峰，几树寒梅带雪红。
斋罢垂垂浑入定，庵前潭影落疏钟。

莫愁湖寓望

清凉如美人，莫愁如明镜。
终日对凝妆，掩映万荷柄。

晨 起 口 占

一炉香篆袅窗纱，紫燕寻巢识旧家。
莫怪东风无赖甚，春来吹发满庭花。

花　朝

江头青放柳千条，知有东风送画桡。
但喜二分春色到，百花生日在今朝。

春　日

好花零落雨绵绵，辜负韶光二月天。
知否玉楼春梦醒，有人愁煞柳如烟。

迟　友

云树高低迷古墟，问津何处觅长沮？
鱼郎引入林深处，轻叩柴扉问起居。

本事诗〔十首〕

一

无量春愁无量恨，一时都向指间鸣。
我亦艰难多病日，那堪更听八云筝？

二

丈室番茶手自煎，语深香冷涕潸然。
生身阿母无情甚，为向摩耶问夙缘！

三

碧玉莫愁身世贱，同乡仙子独销魂。
袈裟点点疑樱瓣，半是脂痕半泪痕。

四

淡扫蛾眉朝画师，同心华髻结青丝。
一杯颜色和双泪，写就梨花付与谁？

五

愧向尊前说报恩，香残玦黛浅含颦。

卿自无言侬已会，湘兰天女是前身！

六

春水难量旧恨盈，桃腮檀口坐吹笙。
华严瀑布高千尺，不及卿卿爱我情。

七

乌舍凌波肌似雪，亲持红叶属题诗。
还卿一钵无情泪，恨不相逢未剃时！

八

相怜病骨轻于蝶，梦入罗浮万里云。
赠尔多情诗一卷，他年重检石榴裙。

九

《春雨》楼头尺八箫，何时归看浙江潮？
芒鞋破钵无人识，踏过樱花第几桥？

十

九年面壁成空相，持锡归来悔晤卿。
我本负人今已矣，任他人作乐中筝。

樱 花 落

十日樱花作意开，绕花岂惜日千回？
昨来风雨偏相厄，谁向人天诉此哀？
忍见胡沙埋艳骨，休将清泪滴深杯。
多情漫向他年忆，一寸春心早已灰。

失　题〔二首〕

一

禅心一任蛾眉妒，佛说原来怨是亲。
雨笠烟蓑归去也，与人无爱亦无嗔。

二

斜插莲蓬美且鬈，曾教粉指印青编。
此后不知魂与梦，涉江同泛采莲船。

水户观梅有寄

偷尝天女唇中露，几度临风拭泪痕。
日日思君令人老，孤窗无语正黄昏。

寄广州晦公

忽闻邻女艳阳歌，南国诗人近若何？
欲寄数行相问讯，落花如雨乱愁多！

过 蒲 田

柳阴深处马蹄骄，无际银沙逐退潮。
茅店冰旗知市近，满山红叶女郎樵。

淀江道中

孤村隐隐起微烟，处处秧歌竞种田。
羸马未须愁远道，桃花红欲上吟鞭。

碧　阑　干

碧阑干外遇婵娟，故弄云鬟不肯前。
问到年华更羞怯，背人偷指十三弦。

东　　居 〔十九首〕

一

却下珠帘故故羞，浪持银蜡照梳头。
玉阶人静情难诉，悄向星河觅女牛。

二

流萤明灭夜悠悠，素女婵娟不耐秋。
相逢莫问人间事，故国伤心只泪流。

三

罗襦换罢下西楼，豆蔻香温语不休。
说到年华更羞怯，水晶帘下学箜篌。

四

翡翠流苏白玉钩，夜凉如水待牵牛。
知否去年人去后，枕函红泪至今流。

五

异国名香莫浪偷，窥帘一笑意偏幽。
明珠欲赠还惆怅，来岁双星怕引愁。

六

碧阑干外夜沉沉，斜倚云屏烛影深。
看取红酥浑欲滴，凤文双结是同心。

七

秋千院落月如钩，为爱花阴懒上楼。
露湿红蕖波底袜，自拈罗带淡蛾羞。

八

折得黄花赠阿娇，暗抬星眼谢王乔。
轻车肥犊金铃响，深院何人弄碧箫？

九

碧沼红莲水自流，涉江同上木兰舟。
可怜十五盈盈女，不信卢家有莫愁。

十

灯飘珠箔玉筝秋，几曲回阑水上楼。
猛忆定庵哀怨句："三生花草梦苏州。"

十一

人间天上结离忧，翠袖红妆独倚楼。
凄绝蜀杨丝万缕，替人惜别亦生愁。

十二

六幅潇湘曳画裙，灯前兰麝自氤氲。
扁舟容与知无计，兵火头陀泪满樽。

十三

银烛金杯映绿纱，空持倾国对流霞。
酡颜欲语娇无力，云髻新簪白玉花。

十四

蝉翼轻纱束细腰，远山眉黛不能描。
谁知词客蓬山里，烟雨按台梦六朝。

十五

胭脂湖畔紫骝骄，流水栖鸦认小桥。
为向芭蕉问消息，朝朝红泪欲成潮。

十六

珍重嫦娥白玉姿，人天携手两无期。
遗珠有恨终归海，睹物思人更可悲。

十七

谁怜一阕断肠词，摇落秋怀只自知。
况是异乡兼日暮，疏钟红叶坠相思。

十八

槭槭秋林细雨时，天涯漂泊欲何之？
空山流水无人迹，何处蛾眉有怨词？

十九

兰蕙芬芳总负伊，并肩携手纳凉时。
旧厢风月重相忆，十指纤纤擘荔枝。

吴 门 〔十一首〕

一

江南花草尽愁根，惹得吴娃笑语频。
独有伤心驴背客，暮烟疏雨过阊门。

二

碧海云峰百万重，中原何处托孤踪？
春泥细雨吴趋地，又听寒山夜半钟。

三

月华如水浸瑶阶，环佩声声扰梦怀。
记得吴王宫里事，春风一夜百花开。

四

姑苏台畔夕阳斜，宝马金鞍翡翠车。
一自美人和泪去，河山终古是天涯！

五

万户千门尽劫灰，吴姬含笑踏青来。

今日已无天下色，莫牵麋鹿上苏台！

六

水驿山城尽可哀，梦中衰草凤凰台。
春色总怜歌舞地，万花缭乱为谁开？

七

年华风柳共飘萧，酒醒天涯问六朝。
猛忆玉人明月下，悄无人处学吹箫。

八

万树垂杨任好风，斑骓西向水田东。
莫道碧桃花独艳，淀山湖外夕阳红。

九

平原落日马萧萧，剩有山僧赋《大招》。
最是令人凄绝处，垂虹亭外柳波桥。

十

碧城烟树小彤楼，杨柳东风系客舟。
故国已随春日尽，鹧鸪声急使人愁。

十一

白水青山未尽思，人间天上两霏微。
轻风细雨红泥寺，不见僧归见燕归。

海　上 〔八首〕

一

绿窗新柳玉台旁，臂上犹闻菽乳香。
毕竟美人知爱国，自将银管学南唐。

二

软红帘动月轮西，冰作阑干玉作梯。
寄语麻姑要珍重，凤楼迢递燕应迷。

三

水晶帘卷一灯昏，寂对河山叩国魂。
只是银莺羞不语，恐防重惹旧啼痕。

四

空言少据定难猜，欲把明珠寄上才。
闻道别来餐事减，晚妆犹待小鬟催。

五

绮陌春寒压马嘶，落红狼藉印苔泥。

庄辞珍贶无由报，此别愁眉又复低。

六

棠梨无限忆秋千，杨柳腰肢最可怜。
纵使有情还有泪，漫从人海说人天。

七

罗幕香残欲暮天，四山风雨总缠绵。
分明化石心难定，多谢云娘十幅笺。

八

星戴环佩月戴珰，一夜秋寒掩洞房。
莫道横塘秋露冷，残荷犹自盖鸳鸯。

芳　草

芳草天涯人似梦，碧桃花下月如烟。
可怜罗带秋光薄，珍重萧郎解玉钿。

佳　人

佳人名小品，绝世已无俦。
横波翻泻泪，绿黛自生愁。
舞袖倾东海，纤腰惑九洲。
传歌如有诉，余转杂箜篌。

偶　成

人间花草太匆匆，春未残时花已空！
自是神仙沦小谪，不须惆怅忆芳容。

断鸿零雁记

第一章

　　百越有金瓯山者，滨海之南，巍然矗立。每值天朗无云，山麓葱翠间，红瓦鳞鳞，隐约可辨，盖海云古刹在焉。相传宋亡之际，陆秀夫既抱幼帝殉国崖山，有遗老遁迹于斯，祝发为僧，昼夜向天呼号，冀招大行皇帝之灵。故至今日，遥望山岭，云气葱郁；或时闻潮水悲嘶，尤使人欷歔凭吊，不堪回首。今吾述刹中宝盖金幢，俱为古物。池流清净，松柏蔚然。住僧数十，威仪齐肃，器钵无声。岁岁经冬传戒，顾入山求戒者寥寥，以是山羊肠峻险，登之殊艰故也。

　　一日凌晨，钟声徐发，余倚刹角危楼，看天际沙鸥明灭。是时已入冬令，海风逼人于千里之外。读吾书者识之，此日为余三戒俱足之日。计余居此，忽忽三旬，今日可下山面吾师。后此扫叶焚香，送我流年，亦复何憾？如是思维，不觉堕泪，叹曰："人皆谓我无母，我岂真无母耶？否，否！余自养父见背，虽茕茕一身，然常于风动树梢，零雨连绵，百静之中，隐约微闻慈母唤我之声。顾声从何来，余心且不自明，恒结辖凝想耳。"继又叹曰："吾母生我，胡弗使我一见？亦知儿身世飘零，至于斯极耶？"

　　此时晴波旷邈，光景奇丽。余遂披袈裟，随同戒者三十六人，双手捧香，鱼贯而行。升大殿已，鹄立左右。四山长老云集，《香赞》既阕，万籁无声。少许，有尊证阇黎以悲紧之音唱曰："求戒行人，向天三拜，以报父母养育之恩。"余斯时泪如缏縻，莫能仰视，同戒者亦哽咽不能止。

　　既而礼毕，诸长老一一来相劝勉曰："善哉大德！慧根深厚，愿力壮严。此去谨侍亲师，异日灵山会上，拈花相笑。"

余聆其音，慈悲哀愍，遂顶礼受牒，收泪拜辞诸长老，徐徐下山。夹道枯柯，已无宿叶，悲凉境地，惟见樵夫出没，然彼焉知方外之人，亦有难言之恫？

此章为吾书发凡，均纪实也。

第二章

余既辞海云寺，即驻荒村静室，经行侍师而外，日以泪珠拭面耳。吾师视余年幼，固已怜之。顾吾师虽慈蔼，不足以杀吾悲。读者试思，余殆极人世之至戚者矣！

一日，余以师命下乡化米，量之可十余斤，负之行，思觅投宿之所。忽有强者自远而来，将余米囊夺去，余付之一叹。尔时天已薄暮，彳亍独行，至海边，已不辨道路。徘徊久之，就沙滩小憩，而骇浪遽起，四顾昏黑。余踌躇间，遥见海面火光如豆，知有渔舟经此，遂疾声呼曰："请渔翁来，余欲渡耳！"已而，火光渐渐大，知舟已迎面至，余心殊慰。未几，舟果傍岸，渔人询余何往。曰："余为波罗村寺僧，今失道至此，幸翁助我。"渔人摇手曰："乌？是何言！余舟将以捕鱼易利，安能载尔贫僧？"言毕，登舟驶去。

余莫审所适，怅然涕下。忽耳畔微闻犬吠声，余念是间殆有村落，遂循草径行。渐前，有古庙，就之，中悬渔灯，余入，蜷卧石上。俄闻户外足音，余整衣起，瞥见一童子匆匆入。余曰："小子何之？"童子手持竹笼数事示余曰："吾操业至劳，夜已深矣，吾犹匿颓垣败壁，或幽岩密菁间，类偷儿行径者，盖为此唧唧者耳，不亦大可哀耶？"余曰："少年英俊，胡为业此屑小事？"童子太息曰："吾家固有花圃，吾日间挑花以售富人，富人倍吝，故所入滋微，不足以养吾慈母。慈母老矣，试思吾为人子，安可勿尽心以娱其晚景？此吾所以不避艰辛，而兼业此。虽然，吾母尚不知之，否则亦必尼吾如是。吾前日见庙侧有蟋蟀跨蜈蚣者，候此已两夜，尚未得也。天乎！使此微虫早落吾手，待邻村墟期，必得善价，当为慈母市羊裘一领，使老母虽于冬深之日，犹在春温，小子之心，如是慰矣！吾岂荒伧市侩，尽日孳孳爱钱而不爱命者耶？"余聆小子言，不禁有所感触，泫然泪下。童子相余顶，从容曰："敢问师奚为露宿于是？"余视童貌甚庄

肃，一一告以所遇。童子慨然曰："师苦矣！寒舍尚有空阒，去此不远，请从我归；否则村人固凶恣，诬师为贼，且不堪也。"余感此童诚实，诺之，遂行。俄入村，至一宅。童子辟扉，复自阖之，导余曲折度回廊。苑内百花，暗香沁鼻。既忽微闻老人语曰："潮儿，今日归何晚？"余谛听之，奇哉，奇哉，此人声音也！及至厅事，则赫然余乳媪在焉。

第三章

余礼乳媪既毕，悲喜交并。媪一一究吾行止，乃命余坐，谛视余面，即以手拊额，沉思久之，凄然曰："伤哉，三郎也！设吾今日犹在彼家，即尔胡至沦入空界？计吾依夫人之侧，不过三年，为时虽短，然夫人以慈爱为怀，视我良厚。一别夫人，悠悠十数载，乃至于今，吾每饭犹能不忘夫人爱顾之心。先是夫人行后，彼家人虽遇我恶薄，吾但顺受之，盖吾感夫人恩德，良不忍离三郎而去。迨尔父执去世之时，吾中心戚戚，方谓三郎孤寒无依，欲驰书白夫人。使尔东归，离彼獦獠。讵料彼妇侦知，逢其蕴怒，即以藤鞭我，斯时吾亦不欲与之言人道矣。纵情挞已，即摈我归。"

媪言至此，声泪俱下。斯时余方寸悲惨已极，故亦不知所以慰吾乳媪，惟泪涌如泉，相对无话。余忽心念乳媪以四十许人，触此愤恸，宁人所堪？遂强颜慰之曰："媪毋伤。媪育我今已成立，此恩此德，感戴何可言宣？余虽心冷空门，今兹幸逢吾媪，藉通吾骨肉消息，否即碧落黄泉，无相见之日。以此思之，不亦彼苍尚有灵耶？余在幼龄，恒知吾母尚存，第百思莫审居何许，且为谁氏。今吾媪所称'夫人'者，得非余生身阿母？奚为任我子子一身，飘摇危苦，都弗之问？媪试语我，以吾身世究如何者。"

媪既收泪，面余言曰："三郎，居，吾语尔：吾为村人女，世居于斯，牧畜为业。既嫁，随吾夫子，日出而作，日入而息，其乐无极，宁识人间有是非忧患？村家夫妇，如水流年。吾三十，而吾夫子不幸短命死矣，仅遗稚子，即潮儿也。是后家计日困，平生亲友，咸视吾母子为路人。斯时吾始悟世变，怆然于中，四顾茫茫，其谁诉耶？

"一日，拾穗村边，忽有古装夫人，姗姗来至吾前，谓曰：'子似重有忧者？'因详叩吾况，吾一一答之。遂蒙夫人怜而招我，为三郎乳媪。古装夫人者，诚三郎生母，盖夫人为日本产，衣制悉从吾国古代。此吾见夫人后，始习闻之。'三郎'即夫人命尔名也。尝闻之夫人，尔呱呱坠地无几月，即生父见背。尔生父宗郎，旧为江户名族，生平肝胆照人，为里党所推，后此，夫人综览季世渐入浇漓，思携尔托根上国，故挈尔身于父执为义子，使尔离绝岛民根性，冀尔长进为人中龙也。明知兹事有干国律，然慈母爱子之心，无所不至，乃亲自抱尔潜行来游吾国，侨居三年。

"忽一日，夫人诏我曰：'我东归矣，尔其珍重！'复手指三郎，凄声含泪曰：'是儿生也不辰，媪其善视之，吾必不忘尔赐。'语已，手书地址付余，嘱勿遗失。故吾今尚珍藏旧箧之中。当是时，吾感泣不置。夫人且赐我百金，顾今日此金虽尽，而吾感激之私，无能尽也。尤忆夫人束装之先一夕，一一为贮小影于尔果罐之中，衣箧之内，冀尔稍长，不忘见阿母容仪，用意至为凄恻。谁知夫人行后，彼家人悉检毁之。嗣后，夫人尝三致书于余，并寄我以金，均由彼妇收没。又以吾详知夫人身世，且深爱三郎，怒我故作是态，以形其寡德，怨毒之因，由斯而发。甚矣哉，人与猛兽，直一线之分耳！吾既见摈之后，彼即诡言夫人已葬鱼腹，故亲友邻舍，咸目尔为无母之儿，弗之闻问。迹彼肺肝，盖防尔长大，思归依阿娘耳。嗟乎！既取人子，复暴遇之，吾百思不解，彼妇前生，是何毒物？苍天苍天！吾岂怨毒他人者哉？今为是言者，所以惩悍妇耳。尔父执为人诚实，恒念尔生父于彼有恩，视尔犹如己出。谁料尔父执辞世不旋踵，而彼妇初心顿变耶？至尔无知小子，受待之苛，莫可伦比。顾尔今亭亭玉立，别来无恙；吾亦老矣，不应对尔絮絮出之，以存忠厚。虽然，今丁末造，我在在行吾忠厚，人则在在居心陷我，此理互相消长。世态如斯，可胜浩叹！"

吾媪言已，垂头太息。

少许，媪尚欲有言。斯时余满胸愁绪，波谲云诡。顾既审吾生母消息，不愿多询往事，更无暇自悲身世，遂从容启媪曰："今夜深矣，媪且安寝。余行将子身以寻阿母，望吾媪千万勿过伤悲。天下事正复谁料？媪视我与潮儿，岂没世而名不称者耶？"既而，媪忽仰首，且抚余肩曰："伤哉，不图三郎羸瘠至于斯极！尔今须就寝。后此且住吾家，徐图东归寻觅尔母。吾时时犹梦古装夫人，旁皇于东海之滨，盼三郎归也。三郎，尔尚有阿姊、义妹，娇随娘侧。尔亦将闻阿娘唤尔之声。老身已矣，行将就木，弗克再会夫人。但愿苍苍者，必有以加庇夫人耳。"

翌晨，阳光灿烂，余思往事，历历犹在心头。读者试思，余昨宵乌能成寐？斯时郁伊无极，即起披衣，出庐四瞩，柳瘦于骨，山容萧然矣。

继今以后，余居乳媪家，日与潮儿弄艇投竿于荒江烟雨之中，或骑牛村外，幽恨万千，不自知其消散于晚风长笛间也。

第四章

一日薄暮，荒村风雪，萧萧彻骨，余与潮儿方自后山负薪以归。甫入门，见吾乳媪背炉兀坐，手缝旧衲，闻吾等声气，即仰首视余曰："劳哉小子！吾见尔滋慰，尔两人且歇，待我燃烛，出鲜鱼热饭，偕尔晚膳。吾家去湖不远，鱼甚鲜美，价亦不昂，村居胜城市多矣。"余与潮儿即将襄笠除下，与媪共饭，为况乐甚。少选饭罢，媪面余言曰："吾今日见三郎荷薪，心殊未忍。以尔孱躯，今后勿复如是。此粗重工夫，潮儿可为吾助。今吾为尔计，尔须静听吾言。吾家花圃，在三春佳日，群芳甚盛，今已冬深，明岁春归时，尔朝携花出售，日中即为我稍理亭苑可耳。花资虽薄，然吾能为尔积聚，迄二三年后，定能敷尔东归之费，舍此计无所出。三郎，尔意云何？"余曰："善，均如媪言。"媪续曰："三郎，尔先在江户固为公子，出必肥马轻裘，今兹暂作花佣，亦殊异事。虽然，尔异日东归，仍为千金之子，谁复呼尔为鬻花郎耶？"余听至此，注视吾媪慈颜，一笑如春温焉。

岁月不居，春序忽至。余自是遵吾乳媪之命，每日凌晨作牧奴装，携花出售，每晨只经三四村落。余左手携花筐，右手持竹竿，顶戴渔父之笠，盖防人知我为比丘也。踯躅道中，状殊羞涩。见买花者，女子为最多，次则村姬耳，计余每日得钱可二三百。如是者弥月矣。

一日，余方独行前村，天忽阴晦。小雨溟蒙，沾余衣袂。此日为清明前二日，家家部扫捐墓之事，故沿道无人，但有雨声滴沥，愁人而已。余纡道徐行，至一屋角细柳之下，枯立小憩。忽睹前垣碧纱窗内，有女郎新装临眺，容华绝代，而玉颜带肃，涌现殷忧之兆。迨余旁睇，瞬然已杳。俄而雨止，天朗气清，新绿照眼。余方欲行，前屋侧扉已启，又见一女子匆遽出而礼余，嗫嚅言曰："恕奴失礼。请问若从何方至此？为谁氏子？以若年华，奚至业是？若岂不识韶光一逝，悔无及耶？请详答我。"余聆其言，心念彼女慧甚，无村竖态，但奚为盘问，一若算命先生也者？殆故探吾行止，抑有他因耶？余惟僵立，心殊弗怿，亦莫审所以为对。良久，彼女复曰："吾之所以唐突者，乃受吾家女公子命，嘱必如是探问。吾女公子情性幽静无伦，未尝共生人言语，顾今如此者，盖听若卖花声，含酸梗余音。今晨女公子且见若于窗外，即审若身世，固非荒凉。若得毋怪我语无伦次。若非'河合'其姓、'三郎'其名者耶？"余骤闻其言，愕极欲奔。继思彼辈殆非为害于余，即漫声应之曰："诚然。余亟于东归寻母，不得不业此耳。尚望子勿泄于人，则余受恩不浅矣。"女重礼余，言曰："谨受教。先生且自珍重！明晨请再莅此，待我复命女公子也。"余自是心绪潮涌，遂怏怏以归。

第五章

明日，天气阴沉，较诸昨日为甚。迨余晨起，觉方寸中仓皇无主，以须臾即赴名姝之约耳。读吾书者，至此必将议我陷身情网，为清净法流障碍。然余是日正心思念：我为沙门，处于浊世，当如莲花不为泥污，复有何患？宁省后此吾躬有如许惨戚以告吾读者！

余出门去矣，此时正为余惨戚之发轫也。江村寒食，风雨飘忽，余举目四顾，心怦然动。窃揣如斯景物，殆非佳朕。忽念彼姝见约，定有远因，否则奚由稔余名姓？且余昨日乍睹芳容，静柔简淡，不同凡艳，又乌可与佻挞下流同日而语？余且行且思，不觉已重至碧纱窗下，呆立良久，都无动定。余方沉吟，谓彼小娃，殆戏我耶？继又迹昨日之言，一一出之至情，然则又胡容疑者？亡何，风雨稍止，僮娃果启扉出，不言亦不笑，行至吾前，第以双手出一纸函见授，余趣接之，觉物压余手颇重，余方欲发问，而僮娃旋踵已去。余亟擘函视之，累累着，金也。余心滋惑，于是细察函中，更有银管乌丝，盖贻余书也。嗟夫读者，余观书讫，惨然魂摇，心房碎矣！书曰：

妾雪梅将泪和墨，袯袯致书于三郎足下：

先是人咸谓君已披剃空山，妾以君秉坚孤之性，故深信之，悲号几绝者屡矣！静夜思君，梦中又不识路，命也如此，夫复奚言？迩者连朝于卖花声里，惊辨此音酷肖三郎心声——盖妾婴年，尝之君许，一挹清光，景状至今犹藏心坎也。——追侵晨隔窗一晤，知真为吾三郎矣，当此之时，妾觉魂已离舍，流荡空际；心亦腾涌弗止，不可自持。欲亲自陈情于君子之前，又以干于名义，故使侍儿冒昧进诘，以渎清神，还望三郎怜而恕妾。

妾自生母弃养,以至今日,伶仃愁苦,已无复生人之趣。继母孤恩,见利忘义,怂老父以前约可欺,行思以妾改嫔他姓。嗟夫三郎!妾心终始之盟,固不忒也。若一旦妾身见抑于父母,妾只有自裁以见志,妾虽骨化形销至千万劫,犹为三郎同心耳,上苍曲全与否,弗之问矣。不图今日复睹尊颜,知吾三郎无恙,深感天心慈爱,又自喜矣。呜呼!茫茫宇宙,妾舍君其谁属耶?沧海流枯,顽石尘化,微命如缕,妾爱不移!今以戈戈百金奉呈,望君即日买棹遄归,与太夫人图之。万转千回,惟君垂悯!苦次不能细缕。伏维长途珍重!

雪梅者,余未婚妻也。然则余胡可忍心舍之,独向空山而去?读者殆以余不近情矣。实则余之所以出此者,正欲存吾雪梅耳。须知吾雪梅者,古德幽光奇女子也,今请语吾读者:雪梅之父,亦为余父执,在余义父未逝之先,已将雪梅许我。后此见余义父家运式微,余生母复无消息,乃生悔心,欲爽前诺。雪梅固高抗无伦者,奚肯甘心负约?顾其生父、继母都不见恤,以为"女子者,实货物耳,吾固可择其礼金高者而鬻之。"况此权特操诸父母,又乌容彼纤小致一辞者?雪梅是后茹苦含辛,莫可告诉,所谓庶女之怨,惟欲依母氏于冥府,较在恶世为安,此非躬历其境者不自知也。余年渐长,久不与雪梅相见,无由一证心量,然睹此情况,悲慨不可自抑。默默思量,只好出家皈命佛陀、达摩、僧伽,用息彼美见爱之心,使彼美享有家庭之乐;否则,绝世名姝,必郁郁为余而死,是何可者?不观其父母利令智昏,宁将骨肉之亲付之蒿里,亦不以嫔单寒无告之儿如余者。当时余固年少气盛,遂掉头不顾,飘然之广州常秀寺,哀祷赞初长老,摄受为驱马沙弥,冀梵天帝释愍此薄命女郎而已。前书叙余在古刹中忆余生母者,盖后此数月间事也。

第六章

余自得雪梅一纸书后,知彼姝所以许我者良厚。是时心头辘辘,不能为定行止,竟不审上穷碧落,下极黄泉,舍吾雪梅而外,尚有何物!即余乳媪,以半百之年,一见彼姝之书,亦惨同身受,泪潸潸下。余此际神经,当作何状,读者自能得之。须知天下事,由爱而生者,无不以为难,无论湿、化、卵、胎四生,综以此故而入生死,可哀也已!

清明后四日,侵晨,晨曦在树,花香沁脑,是时余与潮儿母子别矣,以媪亦速余遄归将母，且谓雪梅之事，必力为余助。余不知所云以报吾媪之德，但有泪落如渖。乃将雪梅所赠款，分二十金与潮儿，为媪购羊裘之用。又思潮儿虽稚，侍亲至孝，不觉感动于怀，良不忍与之遽作分飞劳燕。忽回顾苑中花草，均带可怜颜色，悲从中来，徘徊饮泣。媪忽趣余曰："三郎，行矣，迟则渡船解缆。"余此时遂抑抑别乳媪、潮儿而去。

二日已至广州，余登岸步行，思诣吾师面别。不意常秀寺已被新学暴徒毁为墟市，法器无存，想吾师此时已归静室，乃即日午后易舟赴香江。

翌晨，余理装登岸，即向罗弼牧师之家而去。牧师隶西班牙国，先是数年，携伉俪及女公子至此，构庐于太平山。家居不恒外出，第以收罗粤中古器及奇花异草为事。余特慕其人清幽绝俗，实景教中铮铮之士，非包藏祸心、思墟人国者，遂从之治欧文二载，故与余雅有情怀也。余既至牧师许，其女公子盈盈迎于堂上，牧师夫妇亦喜慰万状。迨余述生母消息及雪梅事竟，俱泪盈于睫。余万感填胸，即踞胡床而大哭矣。

第七章

后此四日，牧师夫妇为余置西服。及部署各事既竟，乃就余握别曰："舟于正午启舷。孺子珍重！上帝必宠锡尔福慧兼修。尔此去可时以笺寄我。"语毕，其女公子曳蔚蓝文裾以出，颇有愁容。至余前，殷殷握余手，亲持紫罗兰及含羞草一束、英文书籍数种见贻。余拜谢受之。俄而海天在眼，余东行矣。

船行可五昼夜，经太平洋。斯时，风日晴美，余徘徊于舵楼之上，茫茫天海，渺渺余怀。即检罗弼大家所贻书籍，中有莎士比亚（原译莎士比尔）、拜伦（原译拜轮）及雪莱（原译室梨）全集。余尝谓拜伦犹中土李白，天才也；莎士比亚犹中土杜甫，仙才也；雪莱犹中土李贺，鬼才也。乃先展拜伦诗，诵《哈尔德·哈咯尔德游记》（原译《哈咯尔游草》，至末篇，有《大海》六章，遂叹曰："雄浑奇伟，今古诗人，无其匹矣！"濡笔译为汉文如左：

皇涛澜汗，灵海黝冥；
万艘鼓楫，泛若轻萍。
芒芒九围，每有遗虚；
旷哉天沼，匪人攸居。

大器自运，振荡鈏粤夆；
岂伊人力？赫彼神工。
罔象乍见，决舟没人；
狂暑未几，遂为波臣。
掩体无棺，归骨无坟；
丧钟声嘶，邈矣谁闻？

谁能乘蹻，履涉狂波？
薿诸苍生，其奈公何！
泱泱大风，立懦起罢；
兹维公功，人力何衰！
亦有雄豪，中原陵厉；
自公胸中，镘彼空际。
惊浪霆奔，慑魂悚神；
转侧张皇，冀为公怜。
腾澜赴崖，载彼微体；
拯溺含弘，公何岂弟？

摇山撼城，声若雷霆；
王公黔首，莫不震惊。
赫赫军艘，亦有浮名；
雄视海上，大莫与京。
自公视之，薿矣其形；
纷纷溶溶，旋入沧溟。
彼阿摩陀，失其威灵；
多罗缚迦，壮气亦倾。

傍公而居，雄国几许；
西利佉维，希腊罗马。
伟哉自由，公所锡予；
君德既衰，耗哉斯土！
遂成遗虚，公目所睹；
以敩以缧，瀹回涛舞。

苍颜不皱，长寿自古；
渺弥澶漫，滔滔不舍。

赫如阳燧，神灵是鉴；
别风淮雨，上临下监。
扶摇羊角，溶溶澹澹；
北极凝冰，赤道淫滟。
浩此地镜，无裔无禧；
圆形在前，神光羣闪。
精魅变怪，出尔泥淰；
回流云转，气易舒惨。
公之淫威，忽不可验。

苍海苍海，余念旧恩；
儿时水嬉，在公膺前，
沸波激岸，随公转旋，
淋淋翔潮，塍余往还，
涤我胸臆，慑我精魂。
惟余与女，父子之亲，
或近或远，托我元身。
今我来斯，握公之鬣。

余既译拜伦诗竟，循环朗诵。时新月在天，渔灯三五，清风徐来，旷哉观也！翌晨，舟抵横滨，余遂舍舟投逆旅。今后当叙余在东之事。

第八章

余行装甫卸，即出吾乳媪所授地址，以询逆旅主人，逆旅主人曰："是地甚迩，境绝严静，汽车去此可五站。客且歇一句钟，吾当为客购车票。吾阅人多矣，无如客之超逸者，诚宜至彼一游。今客如是急迫，殆有要事耶？"余曰："省亲耳。"

午餐后，逆旅主人伴余赴车场，余甚感其殷渥。车既驶行，经二站，至一驿，名大船。掌车者向余言曰："由此换车，第一站为镰仓，第二站

是已。"

余既换车,危坐车中,此时心绪,深形忐忑,自念于此顷刻间,即余骨肉重逢,母氏慈怀大慰,宁非余有生以来第一快事?忽又转念,自幼不省音耗,矧世事多变如此,安知母氏不移居他方?苟今日不获面吾生母,则漂泊人胡堪设想?余心正怔忡不已,而车已停。余向车窗外望,见牌上书"逗子驿"三字,遂下车。

余既出驿场,四瞩无有行人,地至萧旷,即雇手车向田亩间辚辚而去。时正寒凝,积冰弥望,如是数里。从山脚左转,即濒海边而行,但见渔家数处,群儿往来垂钓,殊为幽悄不嚣。车夫忽止步告余曰:"是处即樱山,客将安往?"余曰:"樱山即此耶?"遂下车携箧步行。

久之,至一处,松青沙白。方跂望间,忽遥见松阴夹道中,有小桥通一板屋,隐然背山面海,桥下流水触石,汩汩作声。余趣前就之,仰首见柴扉之侧,有标识曰:"相州逗子樱山村八番。"余大悦怿,盖此九字即余乳媪所授地址。遂以手轻叩其扉,久之,阒如无人,寻复叩之,一妇人启扉出,余见其襟前垂白布一幅,审其为厨娘也,即问之曰:"幸恕唐突,是即河合夫人居乎?"妇曰:"然。"余曰:"吾欲面夫人,烦为我通报。"妇踌躇曰:"吾主人大病新瘥,医者嘱勿见客。客此来何事?吾可代达主人。"余曰:"主人即余阿母,余名三郎,余来自支那,今早始莅横滨。幸速通报。"妇闻言,张目相余,自颅及踵,凝思移时,骇曰:"信乎,客三郎乎?吾尝闻吾主言及少主,顾存亡未卜耳。"

语已,遂入。久之,复出,肃余进,至廊下,一垂髫少女礼余曰:"阿兄归来大幸,阿娘病已逾月,侵晨人略清爽。今小睡已觉,请兄来见阿娘。"于是导余登楼。甫推屏,即见吾母斑发垂垂,据榻而坐,以面迎余微笑。余心知慈母此笑,较之恸哭尤为酸辛万倍。余即趋前俯伏吾母膝下,口不能言,惟泪如潮涌,遽湿棉墩。此时但闻慈母咽声言曰:"吾儿无恙,谢上苍垂悯!三郎,尔且拭泪面余。余此病几殆,年迈人固如风前之烛。今得见吾儿,吾病已觉霍然脱体,尔勿悲切。"言已,收泪扶余起,徐回顾少女言曰:"此尔兄也,自幼适异国,故未相见。"旋复面余曰:"此为吾养女,今年十一,少尔五岁,即尔女弟也,侍我滋谨,吾至爱之。尔阿姊明日闻尔归,必来面尔。尔姊嫁已两载,家事如毛,故不恒至。吾后此但得尔兄妹二人在侧,为况慰矣。吾感谢上苍,不任吾骨肉分飞,至有恩意也。"

慈母言讫,余视女弟依慈母之侧,泪盈于睫,悲戚不胜。此时景状,凄清极矣！少选，慈母复抚余等曰："尔勿伤心，吾明日病瘳，后日可携尔赴谒王父及尔父墓所，祝呵护尔。吾家亲戚故旧正多，后此当带尔兄妹各处游玩。吾卧病已久，正思远行，一觇他乡风物。"

时厨娘亦来面余母，似有所询问。吾母且起且嘱余女弟曰："蕙子，且偕阿兄出前楼瞭望，尔兄仆仆征尘，苦矣。"已，复指厨娘顾余曰："三郎，尔今在家中，诸事尽可遣阿竹理之——阿竹佣吾家十余载，为人诚笃，吾甚德之。"

吾母言竟下楼，为余治晚餐。余心念天下仁慈之心，无若母氏之于其子矣。遂随吾女弟步至楼前。时正崦嵫落日，渔父归舟，海光山色，果然清丽。忽闻山后钟声，徐徐与海鸥逐浪而去。女弟告余曰："此神武古寺晚钟也。"

第九章

入夜，余作书二通：一致吾乳媪，一致罗弼牧师。二书均言余平安抵家，得会余母；并述余母子感谢前此恩德，永永不忘。余母复附寄百金与吾乳媪，且嘱其母子千万珍卫，良会自当有期。迨二书竟，余疲极睡矣。逾日既醒，红日当窗，即披衣入浴室。浴罢，登楼，见芙蓉峰涌现于金波之上，胸次为之澄澈。此日，余母精神顿复，为余陈设各事无少暇。

余归家之第三日，天甫迟明，余母携余及弱妹趁急行车，赴小田原扫墓。是日阴寒，车行而密雪翻飞，途中景物，至为萧瑟。迨车抵小田原驿，雪封径途矣。荒村风雪中，固无牵车者，余母遂雇一村妇负余妹；又至驿旁购鲜花一束。既已，余即扶将母氏步行。可三里，至一山脚，余仰睇山顶积雪中，露红墙一角，余母以指示余曰："是即龙山寺，尔祖及父之墓即在此。"

余等遂徐徐踏石磴而上。既近山门，有联曰：

> 蒲团坐耐江头冷，
>
> 香火重生劫后灰。

余心谓是联颇工整。方至殿中，一老尼龙钟出，与余母问讯叙寒暄毕，尼即往燃香，并携清水一壶，授余母。余与弱妹随阿母步至浮屠之后，见王父及先君两墓并立，四围绕以铁栅，栅外复立木柱，柱之四面，作悉昙文，书"地、水、火、风、空"五字，盖密宗以表大日如来之德者也。余与弱妹拾取松枝，将坟上积雪推去。余母以手提壶灌水，由墓顶而下。少许，泛洒严净，香花既陈，余母复摘长青叶一片，端置石案之中，命余等展拜。余拜已，掩面而哭。余母曰："三郎，雪弥剧，余等遄归。"余遂启目视坟台，积雪复盈三寸，新陈诸物，均为雪蔽。余母以白纸裹金授老尼，即与告别，冒雪下山。余母且行且语余曰："三郎，若姨昨岁卜居箱根，去此不远，今且与尔赴谒若姨。须知尔幼时，若姨爱尔如雏凤，一日不见尔，则心殊弗怿。先时余携尔西行，若姨力阻；及尔行后，阿姨肝肠寸断矣。三郎知若姨爱尔之恩。弗可忘也。"

第十章

既至姨氏许，阍者通报，姨氏即出迓余母；已，复引领顾余问曰："其谁家宁馨耶？"余母指余笑答姨氏曰："三郎也，前日才归家。"姨氏闻言喜极曰："然哉，三郎果生还耶？胡未驰电告我？"言已，即以手扑余肩上雪花，徐徐叹曰："哀哉三郎！吾不见尔十数载，今尔相貌犹依稀辨识，但较儿时消瘦耳。尔今罢矣，且进吾闼。"

遂齐进厅事，自去外衣。倏忽，见一女郎擎茶具，作淡装出，袅娜无伦。与余等礼毕。时余旁立谛视之，果清超拔俗也。第心甚疑骇，盖似曾相见者。姨氏以铁箸剔火钵寒灰，且剔且言曰："别来逾旬，使人系念。前日接书，始知吾妹就瘥，稍慰。今三郎归，诚如梦幻，顾我乐极矣！"余母答曰："谢姊关垂，身虽老病，今见三郎，心滋怡悦，惟此子殊可愍耳！"

此时，女郎治茗既备，即先献余母，次则献余。余觉女郎此际瑟缩不知为地。姨氏知状，回顾女郎曰："静子，余犹记三郎去时，尔亦知惜别，丝丝垂泪，尚忆之乎？"因屈指一算，续曰："尔长于三郎二十有一月，即三郎为尔阿弟，尔勿踧踖作常态也。"女郎默然不答，徐徐出素手，为余妹理鬓丝，双颊微生春晕矣。

迨晚餐既已，余顿觉头颅肢体均热，如居火宅。是夜辗转不能成寐，病乃大作。翌晨，雪不可止。余母及姨氏举屋之人，咸怏怏不可状，谓余此病匪细。顾余虽呻吟床褥，然以新归，初履家庭乐境，但觉有生以来，无若斯时欢欣也。于是一一思量，余自脱俗至今，所遇师傅、乳媪母子及罗弼牧师家族，均殷殷垂爱，无异骨肉。则举我前此之飘零辛苦，尽足偿矣。第念及雪梅孤苦无告，心中又难自恝耳。然余为僧及雪梅事，都秘而不宣，防余母闻之伤心也。兹出家与合婚二事，直相背而驰；余既证法身，固弗娶者，虽依慈母，不亦可乎？

方逡想间，余母与姨氏入矣。姨氏手持汤药，行至榻畔予余曰："三郎，汝病盖为感冒，汝今且起服药，一二日后可无事。此药吾所手采。三郎，若姨日中固无所事，惟好去山中采药，亲制成剂，将施贫乏而多病者。须知世间医者，莫不贪财，故贫人不幸构病，只好垂手待毙，伤心惨目，无过于此。吾自顾遣此余年，舍此采药济人之事，无他乐趣；若村妇烧香念佛，吾弗为也。三郎，吾与汝母俱为老人矣，谚云'老者预为交代事'，盖谓人老只当替后人谋幸福，但自身劳苦非所计。顾吾子现隶海军，且已娶妇，亦无庸为彼虑。今兹静子，彼人最关吾怀。静子少失怙恃，依吾已十有余载，吾但托之天命。"姨氏言至此，凝思移时，长喘一声，复面余曰："三郎，先是汝母归来，不及三月，即接汝义父家中一信，谓'三郎上山，为虎所噬'。吾思彼方固多虎患，以为言实也。余与汝母得此凶耗，一哭几绝，顿增二十余年老态。兹事亦无可如何，惟有晨夕祷告上苍，祝小子游魂来归阿母。"

余倾听姨氏之言，厥声至惨，猛触宿恨，肺叶震震然，不知所可。久之，仰面见余母容仪，无有悲戚，即力制余悲，恭谨言曰："铭感阿姨过爱！第孺子遭逢，不堪追溯，且已成过去陈迹，请阿姨、阿母置之。儿后此晨昏得奉阿姨、阿母慈祥颜色，即孺子喜幸当何如也！"

余言已，余母速余饮药。少选，上身汗出如注，惫极，帖然而卧。

第十一章

余病四昼夜，始臻勿药，余母及姨氏举家喜形于色。时为三月三日，天气清新，余就窗次卷帘外盼，山光照眼，花鸟怡魂，心乃滋适，忽念一事：盖余连日晨醒，即觉清芬通余鼻观，以榻畔紫檀几上，必易鲜花一束，插胆瓶中，奕奕有光，花心犹带露滴。今晨忽见一翡翠襟针遗于几下，方悉其为彼姝之物，花固美人之贻也。余又顿忆前日似与玉人曾相识者，因余先在罗弼女士斋中，所见德意志画伯阿陀辅手绘《沙浮遗影》，与彼姝无少差别耳。方凝伫间，忽注目纱帘之下，陈设甚雅：有云石案作鹅卵形，上置鉴屏、银盒、笔砚、绛罗，一尘不着；旁有柚木书椟，状若

鸽笼，藏书颇富，余检之，均汉土古籍也。迨余回视左壁，复有小几，上置雁柱鸣筝，似尚有余音绕诸弦上。此时，余始惊审此楼为彼姝妆阁；又心仪彼姝学邃，且袺然出尘，如藐姑仙子。

斯时，余正觉心中如有所念；移时，又忛然若失。忽见余母登楼，手中将春衣二袭，嘱余曰："三郎，今兹寒威已退，尔试易此衣。"余将衣接下，遂伴余母坐于蓝缎弹簧长椅之上。余母视余作慈祥之色，旋以手按余额问曰："吾儿今晨何似？"余曰："儿无所苦，身略罢耳。阿娘以何日将余及妹宁家？余尚未面阿姊也。"余母曰："何时均可。吾初意俟尔病瘳即行，但若姨昨夕苦苦留吾母子勿遽去，今晨已函报尔姊，盖若姨有切心之事与我商量。苟尔居此舒泰，吾一时固无归意。尔知吾年已垂暮，生平亲属咸老，势必疏远，安能如盛年时往来无绝？吾今举目四顾，惟与若姨形影相吊耳。且若姨见尔，中心怡悦靡极，则尔住此，一若在家中可也。吾知尔性耽幽寂，居此楼最适。此楼向为静子所居，前日尔来，始移于楼下，与尔妹同室。三郎，尔居此，意若弗适者，尽可语我。"余曰："敬遵娘言。阿姨屋外风物固佳，小住，于儿心滋乐也。"

此时侍者传言"晨餐已备"。余母欣然趣余更衣，下楼御膳，余既随母氏至食堂，即鞠躬致谢阿姨厚遇之恩。姨氏以面迎余，欣欢万状，引首顾彼姝曰："托天之庇，三郎无恙矣！静子，尔趋前为三郎道晨安。"瞬息，即见玉人翩若惊鸿，至余前，肃然为礼。而此际玉人密发虚鬟，丰姿愈见娟媚。余不敢回眸正视，惟心绪飘然，如风吹落叶，不知何所止。

余兄妹随阿母羁旅姨氏家中，不啻置身天苑。姨氏固最怜余，余惟凡百恭谨，以奉阿姨、阿母欢颜，自觉娱悦匪极。苟心有枨触，即倚树临流，或以书自遣，顾楼中所藏多宋人理学之书；外有梵章及驴文数种，已为虫蚀，不可辨析，俱唐本也；复次有汉译《婆罗多》及《罗摩延》二书，乃长篇叙事诗——二书汉土已失传矣。惟于《华严经》中偶述其名称，谓出自马鸣菩萨；今印度学人哆氏之英译《摩诃婆罗多族大战篇》，即其一也。

第十二章

一时雁影横空，蝉声四彻。余垂首环行于姨氏庭苑鱼塘堤畔，盈眸廓落，沦漪泠然。余默念，晨间余母言明朝将余兄妹遄归，则此地白云红

树，不无恋恋于怀。忽有风声过余耳，瑟瑟作响。余乃仰空，但见宿叶脱柯，萧萧下堕，心始耸然知清秋亦垂尽矣。遂不觉中怀惘惘，一若重愁在抱。想余母此时已屏当行具，方思进退闲之轩一看弱妹。步至石栏桥上，忽闻衣裙窸窣之声。少选，香风四溢，陡见玉人靓妆，仙仙飘举而来，去余仅数武，一回青盼，徐徐与余眸相瞩矣。余即肃然鞠躬致敬。尔时玉人双颊虽赪，然不若前此之羞涩至于无地自容也。余少瞩，觉玉人似欲言而未言，余愈踧踖，进退不知所可，惟有俯首视地。久久，忽残菊上有物映余眼帘，飘飘然如粉蝶，行将逾篱落而去。余趋前以手捉之，方知为蝉翼轻纱，落自玉人头上者。斯时余欲掷之于地，又思于礼微悖，遂将返玉人。玉人知旨，立即双手进接，以慧目迎余，且羞且发娇柔之声曰："多谢三郎见助。"

此为余第一次见玉人启其唇樱，贻余诚款，故余胶胶不知作何词以对。但见玉人口涡动处，又使沙浮复生，亦无此庄艳，此时令人真个消魂矣！

玉人寻复俯其颈，吐婉妙之音，微微言曰："三郎日来安乎？逗子气候温和，吾甚思造府奉谒，但阿母事集，恐岁内未能抽身耳。是间比逗子清严幽澈则一，惟气候悬绝，盖深山也。唐人咏罗浮诗云：'游人莫著单衣去，六月飞云带雪寒。'吾思此语移用于此，颇觉亲切有味，未知三郎以吾言有当不？"

余聆玉人词旨，心乃奇骇，唯唯不能作答，久乃恭谨言曰："谢阿姊分神及我！果阿姊见枉寒舍，俾稚弟朝夕得侍左右，垂纶于荒村寒牖，幸何如之！否则寒舍东西诗集不少，亦可挑灯披卷，阿姊得毋嫌软尘涴人。敢问阿姊喜诵谁家诗句耶？"

玉人低首凝思，旋即星眸瞩我，辗然答曰："感篆三郎盛意！所问爱读何诗，诚为笑话，须知吾固未尝学也。三郎既不以吾为渎，敢不出吾肝膈以告？且幸三郎有以教我。"遂累累如贯珠言曰："从来好读陈后山诗，亦爱陆放翁，惟是故国西风，泪痕满纸，令人心恻耳。比来读《庄子》及陶诗，颇自觉徜徉世外，可见此关于性情之学不少。三郎观吾书椟所藏多理学家言，此书均明之遗臣朱舜水先生所赠吾远祖安积公者。盖安积公彼时参与德川政事，执弟子礼以侍朱公，故吾家世受朱公之赐。吾家藏此书帙，已历二百三十余年矣。"此语一发，余更愕然张目，注视玉人。

玉人续曰："吾婴年闻先君道朱公遗事，至今历历不忘，吾今复述三

郎听之。"于是长喟一声，即愀然曰："朱公以崇祯十七年，即吾国正保元年，正值胡人猖披之际，子身数航长崎，欲作秦庭七日之哭，竟不果其志。迨万治三年，而明社覆矣。朱公以亡国遗民，耻食二朝之粟，遂流寓长崎，以其地与平户郑成功诞生处近也。后德川氏闻之，遣水户儒臣，聘为宾师，尤殚礼遇。公遂传王阳明学于吾国土，公与阳明固是同乡也。至今朱公遗墓，尚存茨城县久慈郡瑞龙山上，容日当导三郎一往奠之，以慰亡国忠魂，三郎其有意乎？又闻公酷爱樱花，今江户小石川后乐园中，犹留朱公遗爱——此园系朱公亲手经营者。朱公以天和二年春辞世，享寿八十有三。公目清人腼然人面，疾之如仇。平日操日语至精，然当易箦之际，公所言悉用汉语，故无人能聆其临终垂训，不亦大可哀耶？"

玉人言已，仰空而欷。余亦凄然。二人伫立无语，但闻风声萧瑟。忽有红叶一片，敲玉人肩上。玉人蹙其双蛾，状似弗惬，因俯首低声曰："三郎，明朝行耶？胡弗久留？吾自先君见背，旧学抛荒已久，三郎在，吾可执书问难。三郎如不以弱质见弃，则吾虽凋零，可无憾矣。"

余不待其言之毕，双颊大赪，俯首至臆，欲贡诚款，又不工于词，久乃嗫嚅言曰："阿母言明日归耳。阿姊恳恳如此，滋可感也！"时余妹亦出自廊间，且行且呼曰："阿姊不观吾裕衣已带耶？晚餐将备，曷入食堂乎？"玉人让余先行，即信步随吾而入，是夕餐事丰美，逾于常日，顾余确不审为何味。饭罢，枯坐楼头，兀思余今日始见玉人天真呈露，且殖学滋深，匪但容仪佳也，即监守天阍之乌舍仙子，亦不能逾是人矣。思至此，忽尔昂首见月明星稀，因诵忆翁诗曰："千岩万壑无人迹，独自飞行明月中。"心为廓然。对月凝思，久久，回顾银烛已跋，更深矣，遂解衣就寝。复喟然叹曰："今夕月华如水，安知明夕不黑云暧曃耶？"余词未毕，果闻雷声隐隐，似发于芙蓉塘外，因亦戚戚无已。寻复叹曰："云耶，电耶，雨耶，雪耶，实一物也，不过因热度之异而变耳。多谢天公，幸勿以柔丝缚我！"

明日，晨餐甫竟，余母命余易旅行之衣，且言姨氏亦携静子偕行。余闻言喜甚，谓可免黯然魂消之感。余等既登车室，玻璃窗上，霜痕犹在。余母及姨氏，指麾云树，心旷神怡，瞬息，闻天风海涛之声，不觉抵吾家矣。自是日以来，余循陔之余，静子亦彼此常见，但不久谈，莞尔示敬而已。

一日，细雨帘纤。余方伴余母倚栏观海，忽微微有叩环声，少许，侍者持一邮筒，跪上余母。余母发函申纸，少许观竟，嘱余言曰："三郎，此尔姊来笺也，言明日莅此；适逢夫子以明日赴京都，才能分身一来省我云。此子亦大可怜。"言至此，微喟，续曰："谚云'养女徒劳'，不其然乎？女子一嫔夫家，必置其亲于脑后，即每逢佳节，思一见女面，亦非易易。此虽因中馈繁杂，然亦天下女子之心，固多忘所自也。昔有贫女，嫁数年，夫婿致富。女之父母私心欣幸，方谓两口可以无饥矣。谁料不数日，女差人将其旧服悉还父母，且传语曰：'好女不着嫁时衣。'意讽嫁时奁具薄也。世人心理如是，安得不江河日下耶！"

余母言已，即将吾姊来书置桌上，以慈祥之色回顾余曰："三郎，晨来毋寒乎？吾觉凉生两臂。"余即答曰："否。"余母遂徐徐诏余曰："三郎，坐。"余既坐，余母问曰："三郎，尔视静子何如人耶？"余曰："慧秀孤标，好女子也。"

余母尔时舒适不可状，旋曰："诚然，诚然，吾亦极爱静子和婉有仪。母今有言，关白于尔，尔听之；三郎，吾决纳静子为三郎妇矣。静子长于尔二岁，在理吾不应尔。然吾仔细回环，的确更无佳偶逾是人者。顾静子父母不全，按例须招赘，始可袭父遗荫；然吾固可与若姨合居，此实天缘巧凑。若姨一切部署已定，俟明岁开春时成礼，破夏吾亦迁居箱根。兹事以情理而论，即若姨必婿吾三郎，中怀方释。盖若姨为托孤之人，今静子年事已及，无时不系之怀抱。顾连岁以来，求婚者虽众，若姨都不之顾；若姨之意，非关门地，第以世人良莠不齐，人心不古，苟静子不得贤夫子而侍，则若姨将何以自对？今得婿三郎，若姨重肩卸矣。"余母言至此，凄然欲哭曰："三郎，老母一生寥寂，今行将见尔庆成嘉礼，即吾与若姨晚景，亦堪告慰。后此但托天命，吾知上苍必予尔两小福慧双修。"

余母方絮絮发言，余心房突突而跳。当余母言讫，余夷犹不敢遽答。正思将前此所历，径白余母；继又恐滋慈母之戚，非人子之道。心念良久，蕴泪于眶，微微言曰："儿今有言奉于慈母听纳，盖儿已决心……"

余母急曰："何谓？"

余曰："儿终身不娶耳。"

余母闻言极骇，起立张目注余曰："乌？是何言也？尔何所见而为此言？抑尔固执拗若是？此语真令余不解。尔年弱冠不娶，人其谓我何？若姨爱尔，不徒然耶？尔澄心思之，此语胡可使若姨听之者？矧静子恒为吾言，舍三郎无属意之人。尔前次恹恹病卧姨家，汤药均静子亲自煎调，怀诚已久，尚不知尔今竟岸然作是言也！"

余母言至末句，声愈严峻。余即敛涕言曰："慈母谛听，儿抚心自问，固爱静子，无异骨肉，且深敬其为人，想静子亦必心知之。儿今兹愁然出是言者，亦非敢抗挠慈母及阿姨之命，此实出诸不得已之苦衷，望慈母恕儿稚昧。"

余母凄然不余答，久乃哀咽言曰："三郎，尔当善体吾意。吾钟漏且歇。但望尔与静子早成眷属，则吾虽入土，犹含笑矣。"

第十三章

余听母言，泪如瀑泻，中心自咎，诚不应逆堂上之命，致老母出此伤心之言，此景奚堪？余皇然少间，遽跪余母膝前，婉慰余母曰："阿娘恕儿，儿诚不孝，儿罪重矣！后此惟有谨遵慈命。儿固不经事者，但望阿娘见恕耳。"

余母徐徐收泪，漫声应曰："孺子当听吾言为是，古云：'不信老人言，后悔将何及'，矧吾儿终身大事，老母安得不深思详察耶？当知娘心无一刻不为儿计也，即尔姊在家时，苟不从吾言，吾亦面加叱责而不姑息；今既归人，万事吾可不必过问，须知女心固外向，吾又何言？若静子则不然，彼妹性情娴穆，且有凤慧，最称吾怀，尔切勿以傅粉涂脂之流目之可耳。"余母尚欲有言，适侍女跪白余母曰："浴室诸事已备，此时刚十句钟也。"言毕即去。余母颜色开霁，抚余肩曰："三郎，娘今当下楼检点冬衣，十一时方暇。尔去就浴。"余此时知已宽慈母之扰，不禁怡然自得。仰视天际游丝，缓缓移去，雨亦遽止，余起易衣下楼就浴。

余浴毕，登楼面海，兀坐久之，则又云愁海思，袭余而来。当余今日慨然许彼妹于吾母之时，明知此言一发，后此有无穷忧患，正如此海潮之声，续续而至，无有尽时。然思若不尔者，又将何以慰吾老母？事至于此，今但焉置吾身？只好权顺老母之意，容日婉言劝慰余母，或可收回成命；如老母坚不见许，则历举隐衷，或卒能谅余为空门中人，未应蓄内。余抚心自问，固非忍人忘彼妹也。继余又思日俗真宗固许带妻，且于刹中行结婚礼式，一效景教然者。若吾母以此为言，吾又将何说答余慈母耶？余反复思维，不可自抑。又闻山后凄风号林，余不觉惴惴其栗。因念佛言："身中四大，各自有名，都无我者。"嗟乎！望吾慈母切勿驱儿作哑羊可耳。

第十四章

越日，余姊果来，见余不多言，但亦劝余曰："吾弟随时随地须听母言，凡事毋以盛气自用，则人情世故，思过半矣。至尔谓终身不娶，自以为高，此直村竖恒态，适足笑煞人耳。三郎，尔后此须谨志吾言，勿贻人笑柄也。"余唯唯而退。余自是以来，焦悚万状，定省晨昏，辄不久坐，尽日惝惝然，惟恐余母重提意向。余母每面余时，欢欣无已，似曾不理余心有闲愁万种。

一日，余方在斋中下笔作画，用宣愁绪。既绘怒涛激石状，复次画远海波纹，已而作一沙鸥斜身堕寒烟而没。忽微闻叩环声，继知吾妹推扉言曰："阿兄胡不出外游玩？"余即回顾，忽尔见静子作斜红绕脸之妆，携余妹之手，伫立门外，见余即鞠躬与余为礼。余遂言曰："请阿姊进斋中小坐，今吾画已竟，无他事也。"

余言既毕，余妹强牵静子，径至余侧。静子注观余案上之画，少选，莞尔顾余言曰："三郎幸恕唐突，昔董源写江南山，李唐写中州山，李思训写海外山，米元晖写南徐山，马远、夏圭写钱塘山，黄子久写海虞山，赵吴兴写较苕山；今吾三郎得毋写崖山耶？一胡使人见则禠然如置身清古之域？此诚快心洞目之观也。"

言已，将画还余。余受之，言曰："吾画笔久废，今兴至作此，不图阿姊称誉过当，徒令人增惭惕耳。"

静子复微哂，言曰："三郎，余非作客气之言也。试思今之画者，但贵形似，取悦市侩，实则宁达画之理趣哉？昔人谓画水能终夜有声，余今观三郎此画，果证得其言不谬。三郎此幅，较诸近代名手，固有瓦砾明珠之别，又岂待余之多言也？"

余倾听其言，心念世宁有如此慧颖者？因退立其后，略举目视之，鬓发腻理，纤秾中度。余暗自叹曰："真旷劫难逢者也！"

忽尔静子回盼，赧赧然曰："三郎，此画能见滕否？三郎或不以余求在礼为背否？余观此景沧茫古逸，故爱之甚挚。今兹发问，度三郎能谅我耳。"

余即答曰："岂敢，岂敢！此画固不值阿姊一粲。吾意阿姊固精通绘事者，望阿姊毋吝教诲，作我良师，不宁佳乎？"静子瑟缩垂其双睫，以

柔荑之手，理其罗带之端，言曰："非然也。昔日虽偶习之，然一无所成，今惟行箧所藏《花燕》一幅而已。"

余曰："请问云何《花燕》？"

静子曰："吾家园池，当荷花盛开时，每夜有紫燕无算，巢荷花中，花尽犹不去。余感其情性，命之曰'花燕'爱为之图。三郎，今容我检之来，第恐贻笑大方耳。"余鞠躬对曰："请阿姊速将来，弟亟欲拜观。"

静子不待余言之毕，即移步鞠躬而去，轻振其袖，薰香扑人。余遂留余妹问之曰："何不闻阿母、阿姊声音？抑外出耶？"余妹答曰："然，阿姊约阿姨、阿母俱出，谓往叶山观千贯松，兼有他事，顺道谒淡岛神社。已嘱厨娘，今日午膳在十二句半钟，并嘱吾语兄也。"余曰："妹曷未同往？"妹曰："不，静姊不往，故我亦不愿往。"余顾余妹手中携有书籍，即诘之曰："何书？"妹曰："此波弥尼八部书也。"余曰："此为《梵文典》，吾妹习此乎？"妹曰："静姊每日授余诵之，顾初学殊艰，久之渐觉霏霏有味，其句度雅丽，迥非独逸、法兰西、英吉利所可同日而语。"余曰："然则静姊固究心三斯克列多文久矣？"妹曰："静姊平素喜谈佛理，以是因缘，好涉猎梵章。尝语妹云：佛教虽斥声论，然《楞伽》《瑜伽》所说五法：曰相，曰名，曰分别，曰正智，曰真如，与波弥尼派相近。《楞严》后出，依于耳根圆通，有'声论宣明'之语，是佛教亦取声论，特形式相异耳。"余听毕，正色语余妹曰："善哉，静姊果超凡入圣矣！吾妹谨随之学毋怠。"

第十五章

余语吾妹既讫，私心叹曰："静子慧骨天生，一时无两，宁不令人畏敬？惜乎，吾固勿能长侍秋波也！"已而，静子盈盈至矣。静子手持绘绢一帧，至余前。余肃然起立，接而观之：莲池之畔，环以垂杨修竹，固是姨家风物；有女郎兀立，风采盎然，碧罗为衣，颇得吴带当风之致；女郎挽文金高髻，即汉制飞仙髻也；俯观花燕，且自看妆映，秸然有出尘之姿，飘飘有凌云之概。余赞叹曰："美哉伊人！奚啻真真者？"

静子闻言，转目盼余，兼视余妹，莞尔言曰："究又奚能与三郎之言相副耶？且三郎安可以外貌取人？亦觇其中藏如何耳。画中人外观似奕奕动人，第不能言，三郎何从谂其中心着何颜色者？"

余置其言弗答，续曰："画笔秀逸无伦，固是仙品，余生平博览丹青之士，咸弗能逮。嗟乎！衣钵尘土久，吾尚何言？今且据行云流水之描，的是吾姊戛戛独造，使余叹观止矣。吾姊端为吾师，吾何幸哉！"

静子此时羞不能答，俯首须臾，委婉言曰："三郎，胡为而作如是言？令浅尝者无地自容。但愿三郎将今日之画见赐，俾为临本，兼作永永纪念，以画中意况，亦与余身世吻合，迹君心情，宁谓非然者？"

余曰："余久不复属意于画，盖已江郎才尽，阿姊自是才调过人，固应使我北面红妆，云何谓我妄言？"

静子含羞不余答。余亦无言，但双手擎余画献之，且无心而言曰："敬乞吾畏友哂存，聊申稚弟倾服之诚，非敢言画也。"

静子欣然曰："三郎此言，适足以彰大作之益可贵耳。"言已，即平铺袖角，端承余画，以温厚之词答曰："敬谢三郎！三郎无庸以畏友外我。今得此画，朝夕对之，不敢忘锡画人也。"

是夕，微月已生西海，水波不兴。余乃负杖出门，随步所之。遇渔翁，相与闲话，迄翁收拾垂纶，余亦转身归去。时夜静风严，余四顾，舍海曲残月而外，别无所睹，及去余家仅丈许，瞥见有人悄立海边孤石之旁，静观海面，余谛瞩倩影亭亭，知为静子，遂前叩之曰："立者其吾阿姊乎？"

静子闻余声，却至欣悦，急回首应曰："三郎，归何晏？独不避海风耶？吾迟三郎于此久矣。三郎出时可曾加衣否？向晚气候，不比日间，恐非三郎所胜，不能使人无戚戚于中。三郎善自珍摄，寒威滋可畏也。"

余即答曰："感谢吾姊关垂！天寒夜寂，敬问吾姊于此沉沉何思？女弟胡未奉侍左右？"

静子则柔声答曰："区区弱质，奚云惜者？今余方自家中来，姨母、令姊、令妹及阿母咸集厨下，制瓜团粉果，独余偷闲来此，奉候三郎。三郎归，吾心至适。"

余重谢之曰："深感阿姊厚意见待，愧弗克当！望阿姊次回，毋冒夜以伫我，吾姊恩意，特恐下走不称消受耳。"

余言毕，举步欲先入门，静子趣前娇而扶将曰："三郎且住。三郎悦我请问数言乎？"余曰："何哉？姊胡为客气乃尔？阿姊欲有下问，稚弟固无不愿奉白者也。"

静子踟蹰少间，乃出细腻之词，第一问曰："三郎，迩来相见，颇带幽忧之色，是何故者？是不能令人无郁拂，今愿窃有请耳。"

余此时心知警兆，兀立不语。

静子第二问曰："三郎可知今日阿母邀姨母同令姊，往礼淡岛明神，何因也？吾思三郎必未之审。"

余闻语茫然，瞠不能答，旋曰："果如阿姊言，未之悉也。"

静子低声而言，其词断续不可辨，似曰："三郎鉴之，总为君与区区不肖耳。"

第十六章

余胸震震然，知彼美言中之骨也。余正怔忡间，转身稍离静子所立处，故作漫声指海面而言曰："吾姊试谛望海心黑影，似是鱼舸经此，然耶，否耶？"静子垂头弗余答。少选，复步近余胸前，双波略注余面。余在月色溟蒙之下，凝神静观其脸，横云斜月，殊胜端丽。此际万籁都寂，余心不自镇。既而，昂首瞩天，则又乌云弥布，只余残星数点，空摇明灭。余不觉自语曰："吁！此非人间世耶？今夕吾何为置身如是景域中也？"

余言甫竟，似有一缕吴棉，轻温而贴余掌，视之，则静子一手牵余，一手扶彼枯石而坐。余即立其膝畔，而不可自脱也。久之，静子发清响之音，如怨如诉曰："我且问三郎，先是姨母曾否有言关白三郎乎？"

余此际神经已无所主，几于膝摇而牙齿相击，垂头不敢睇视，心中默念：情网已张，插翼难飞，此其时矣。但闻静子连复问曰："三郎乎，果阿姨作何语？三郎宁勿审于世情者，抑三郎心知之，故弗肯言？何见弃之深耶？余日来见三郎愀然不欢，因亦不能无渎问耳。"

余乃力制惊悸之状，嗫嚅言曰："阿娘向无言说；虽有，亦已依稀不可省记。"

余言甫发，忽觉静子筋脉跃动，骤松其柔荑之掌。余知其心中因吾言而愕然耳。余正思言以他事，忽尔悲风自海面吹来，乃至山岭，出林簿而去。余方凝仁间，静子四顾皇然，即襟间出一温香罗帕，填余掌中，立而言曰："三郎珍重！此中有绣角梨花笺，吾婴年随阿母挑绣而成，谨以奉赠，聊报今晨杰作，君其纳之。此闲花草，宁足云贡？三郎其亦知吾心耳！"

余乍闻是语，无以为计。自念：拒之于心良弗忍；受之则睹物思人，宁可力行正照，直证无生耶？余反复思维，不知所可。

静子旋欲有言。余陡闻阴风怒号，声振十方，巨浪触石，惨然如破军之声。静子自将笺帕袭之，谨纳余胸间。既讫，遽握余臂，以腮熨之，嘤嘤欲泣曰："三郎受此勿戚，愿苍苍者佑吾三郎无恙。今吾两人同归，朝母氏也。"余呆立无言，惟觉胸间趯趯而跃，静子娇不自胜，搀余徐行。及抵斋中，稍觉清爽，然心绪纷乱，废弃一切。此夜今时，因悟使不析吾五漏之躯，以还父母，又那能越此情关，离诸忧怖耶？

第十七章

翌朝，天色清朗，惟气候遽寒，盖冬深矣。余母晨起，即部署厨娘，出馎饦，又陈备饮食之需，既而齐聚膳厅中，欢声腾彻。余始知姊氏今日归去。静子此际作魏代晓霞妆，余发散垂右肩，束以毡带，迥绝时世之装，胭脥与余为礼，益增其冷艳也。余既近炉联坐，中心滋耿耿，以昨夕款语海边之时，余未以实对彼姊故耳。已而，姊氏辞行。余见静子拖百褶长裙，手携余妹送姊氏出门。余步跟其后，行至甬道中，余母在旁，命余亦随送阿姊。静子闻命欣然，即转身为余上冠杖。余曰："谨谢阿姊待我周浃！"

余等齐行，送至驿上，展轮车发，遂与余姊别。归途惟静子及余兄妹三人而已。静子缓缓移步，远远见农人治田事，因出其纤指示余，顺口吟曰："'采菱辛苦废犁锄，血指流丹鬼质枯。无力买田聊种水，近来湖面亦收租。'三郎，此非范石湖之诗欤？在宋已然，无怪吾国今日赋税之繁且重。吾为村人生无限悲感耳！"

静子言毕，微喟。须臾，忽绛其颊，盼余问曰："三郎得毋劳顿？日来身心亦无患耶？吾晨朝闻阿母传言，更周过已，更三日，当挈令妹及余归箱根。未审于时三郎可肯重尘游屐否？"

余闻言，万念起落，不即答。转视静子，匿面于绫伞流苏之下，引慧目迎余，为状似甚羞涩。余曰："如阿娘行，吾必随叩尊府。"

余言已，复回顾静子，眉端隐约见愁态。转瞬，静子果蕴泪于眶，嘤然而呻曰："吾晨来在膳厅中，见三郎胡乃作戚戚容？得毋玉体违和？敢希见告耳。苟吾三郎有何伤感，亦不妨掬心相示，幸毋见外也。"

余默默弗答。静子复微微言曰："君其怒我乎？胡靳吾请？"

余停履抗声答曰:"心偶不适,亦自不识所以然。劳阿姊询及,惭恧何可言?万望阿姊饶我。"余且行且思,赫然有触于心,弗可自持,因失声呼曰:"吁!吾滋愧悔于中,无解脱时矣!"余此时泪随声下。静子虽闻余言,殆未得窃余命意所在,默不一语。继而容光惨悴,就胸次出丹霞之巾,授余揾泪,慰藉良殷,至于红泪沾襟。余暗惊曰:"吾两人如此,非寿征也!"

旁午,始莅家庭。静子与余都弗进膳。

第十八章

余姊行后,忽忽又三日矣。此日大雪缤纷,余紧闭窗户,静坐思量,此时正余心与雪花交飞于茫茫天海间也。余思久之,遂起立徘徊,叹曰:"苍天,苍天!吾胡尽日怀抱百忧于中,不能至弭耶?学道无成,而生涯易尽,则后悔已迟耳。"余谛念彼姝,抗心高远,固是大善知识,然以眼波决之,则又儿女情长,殊堪畏怖;使吾身此时为幽燕老将,固亦不能提刚刀慧剑,驱此婴婴宛宛者于漠北。吾前此归家,为吾慈母;奚事一逢彼姝,遽加余以尔许缠绵婉恋,累余虮身于情网之中,负己负人,无有是处耶?嗟乎!系于情者,难平尤怨,历古皆然。吾今胡能没溺家庭之恋,以闲愁自戕哉?佛言:"佛子离佛数千里,当念佛戒。"吾今而后,当以持戒为基础,其庶几乎。余轮转思维,忽觉断惑证真,删除艳思,喜慰无极。决心归觅师父,冀重重忏悔耳。第念此事决不可以禀白母氏,母氏知之,万不成行矣。

忽尔余妹手托锦制瓶花入,语余曰:"阿兄,此妹手造慈溪派插花,阿兄月旦,其能有当否?"余无言,默视余妹,心忽恫楚,泪盈余睫。思欲语以离家之旨,又恐行不得也。迄吾妹去后,余心颤不已,返身掩面,成泪人矣。

此夕,余愁绪复万叠如云,自思静子日来恹恹,已有病容。迹彼情词,又似有所顾虑;抑已洞悉吾隐衷,以我为太上忘情者欤?今既不以礼防为格,吾胡不亲过静子之室,叙白前因,或能宥我。且名姝深愫,又何可弃捐如是之速者?思已,整襟下楼,缓缓而行。及至廊际,闻琴声,心知此吾母八云琴,为静子所弹,以彼姝喜调《梅春》之曲也。至"夜迢迢,银台绛蜡,伴人垂泪"句,忽尔双弦不谱,音变滞而不延,似为泪珠沾湿。迄余音都杳，余已至窗前，屏立不动，乍闻余妹言曰："阿姊，晨来所治针黹，亦已毕业未？"

静子太息答余妹曰："吾欲为三郎制领结，顾累日未竟，吾乃真孺稚也。"

余既知余妹未睡，转身欲返，忽复闻静子凄声和泪，细诘余妹曰："吾妹知阿兄连日胡因郁郁弗舒，恒露忧思之状耶？"

余妹答曰："吾亦弗审其由。今日尚见阿兄独坐斋中，泪潸潸下，良匪无以。妹诚愕异，又弗敢以禀阿娘。吾姊何以教我慰阿兄耶？"

静子曰："顾乃无术，惟待余等归期，吾妹努力助我，要阿兄同行，吾宁家，则必有以舒阿兄郁结；阿兄莅吾家，兼可与吾妹剧谈破寂，岂不大妙？不观阿兄面庞，近日十分消瘦，令人滋嫫嫫。今有一言相问吾妹：妹知阿母、阿姨或阿姊向有何语吩咐阿兄否？"

余妹曰："无所闻也。"

静子不语。久之，微呻曰："抑吾有所开罪阿兄耶？余虽勿慧，曷遂相见则……"言至此，噫焉而止。复曰："待明日，但乞三郎加示喻耳。"

静子言时，凄咽不复成声。余猛触彼美沛然至情，万绪悲凉，不禁欷歔泣下。乃归，和衣而寝。

第十九章

天将破晓，余忧思顿释，自谓觅得安心立命之所矣。盥漱既讫，于是就案，搦管构思，怃然少间，力疾书数语于笺素云：

静姊妆次：

呜呼，吾与吾姊终古永诀矣！余实三戒俱足之僧，永不容与女子共住者也。吾姊盛情殷渥，高义干云，吾非木石，云胡不感？然余固是水曜离胎，遭世有难言之恫，又胡忍以飘摇危苦之躯，扰吾姊此生哀乐耶？今兹手持寒锡，作远头陀矣。尘尘刹刹，会面无因。伏维吾姊，贷我残生，夫复何云？倏忽离家，未克另禀阿姨、阿母，幸吾姊慈悲哀愍，代白此心；并婉劝二老，切勿悲念顽儿身世，以时强饭加衣，即所以怜儿也。

　　　　　　　　　　　　幼弟三郎含泪顶礼

书毕，即易急装，将笺暗纳于韡骨细盒之内。盒为静子前日盛果腠

余，余意行后，静子必能检盒得笺也。摒挡既毕，举目见壁上铜钟，锵锵七奏，一若催余就道者。此时阿母、阿姨咸在寝室，为余妹理衣饰，静子与厨娘、女侍则在厨下，都弗余党，余竟自辟栅潜行。行数武，余回顾，忽见静子亦匆匆踵至，绿鬓垂于耳际，知其还未栉掠，但仓皇呼曰："三郎，侵晨安适？夜来积雪未消，不宜出行；且晨餐将备，曷稍待乎？"

余心为赫然，即脱冠致敬，恭谨以答曰："近日疏慵特甚，忘却为阿姊道晨安，幸阿姊恕之。吾今日欲观白泷不动尊神，须趁雪未溶时往耳。敬乞阿姊勿以稚弟为念。"

静子趋近余前，愕然作声问曰："三郎颜色，奚为乍变？得毋感冒？"言毕，出其腻洁之手，按余额角，复执余掌，言曰："果热度腾涌。三郎，此行可止，请速归家，就榻安歇。待吾禀报阿母。"言时，声颤欲嘶。

余即陈谢曰："阿姊太过细心，余惟觉头部微晕，正思外出吸取清气耳。望吾姊勿尼吾行，二小时后，余即宁家，可乎？"

静子以指掠其鬓丝，微叹不余答。久乃娇声言曰："然则，吾请侍三郎行耳。"

余急曰："何敢重烦玉趾？余一人行道上，固无他虑。"

静子似弗怿，含泪盼余，喟然答曰："否！粉身碎骨，以卫三郎，亦所不惜，况区区一行耶？望三郎莫累累见却，即幸甚矣！"

余更无词固拒，权伴静子逡巡而行。道中积雪照眼，余略顾静子芙蓉之靥，衬以雪光，庄艳绝伦，吾魂又为之大爽然而摇也。静子频频出素手，谨炙余掌，或扪余额，以觇热度有无增减。俄而行经海角沙滩之上，时值海潮初退。静子下其眉睫，似有所思。余瞩静子清癯已极，且有泪容，心滋恻怅，遂扶静子腰围，央其稍歇。静子脉脉弗语，依余憩息于细软干沙之上。

此时余神志为爽，心亦镇定，两鬓热度尽退，一如常时，但静默不发一言。静子似渐释其悲哽，尚复含愁注视海上波光，久久，忽尔扶余臂，愀然问曰："三郎何思之深也？三郎或勿讶吾言唐突耶？前接香江邮简，中附褪红小简，作英吉利书，下署罗弼氏者，究属谁家扫眉才子？可得闻乎？吾观其书法妩媚动人，宁让簪花格体？奈何以此蟹行乌丝，惑吾三郎怏怏至此田地？余以私心决之，三郎意似怜其薄命如樱花然者。三郎，今兹肯为我倾吐其详否耶？"

余无端闻其细腻酸咽之词，以余初不宿备，故噤不能声。静子续其声韵曰："三郎，胡为缄口如金人？固弗容吾一闻芳讯耶？"

余遂径报曰："彼马德利产，其父即吾恩师也。"

静子闻言，目动神慌，似极惨悸，故迟迟言曰："然则彼人殆绝代丽姝，三郎固岂能忘怀者？"

言毕，哆其樱唇，回波注睇吾面，似细察吾方寸作何向背。余略引目视静子，玉容瘦损，忽尔慧眼含红欲滴。余心知此子固天怀活泼，其此时情波万叠而中沸矣。余情况至窘，不审将何词以答。少选，遽作庄容而语之曰："阿姊当谅吾心，絮问何为？余实非有所恋恋于怀，顾余素怏怏不自聊者，又非如阿姊所料；余周历人间至苦，今已绝意人世，特阿姊未之知耳。"

余言毕，静子挥其长袖，掩面悲咽曰："宜乎三郎视我，漠若路人，余固乌知者？"已而复曰："嗟乎！三郎，尔意究安属？心向丽人则亦已耳，宁遂忍然弗为二老计耶？"

余聆其言，良不自适，更不忍伤其情款，所谓藕断丝连，不其然欤？余遂自绾愁丝，阳慰之曰："稚弟胡敢者？适戏言耳，阿姊何当芥蒂于中？令稚弟皇恐无地。实则余心绪不宁，言乃无检。阿姊爱我既深，尚冀阿姊今以恕道加我，感且无任耳！阿姊其见宥耶？"

静子闻余言，若喜若忧，垂额至余肩际，方含意欲申。余即抚之曰："悲乃不伦，不如归也。"

静子愁悰略释，盈盈起立，捧余手重复亲之，言曰："三郎记取：后此无论何适，须约我偕行，寸心释矣。若今晨匆匆自去，将毋令人悬念耶？"

余即答曰："敬闻命矣。"

静子此时俯身拾得红纹贝壳，执玩反复，旋复置诸沙面，为状似甚乐也。已而骈行。天忽阴晦，欲雪不雪，路无行人。静子且行且唷，余栗栗惴惧不已。乃问之曰："阿姊奚叹？"

静子答曰："三郎有所不适，吾心至慊。"

余曰："但愿阿姊宽怀。"

此时已近山脚孤亭之侧，离吾家只数十武，余停履谓曰："请阿姊先归，以慰二老。小弟至板桥之下，拾螺蛤数枚，肘贻妹氏，容缓二十分钟宁家，弟恐有劳垂盼。阿姊愿耶，否耶？"

静子曰："甚善。余先归为三郎传朝食。"言毕，握余手，略鞠躬，言曰："三郎早归，吾偕令妹仁伺三郎，同御晨餐。今夕且看明月照积雪也。"

余垂目细瞻其雪白冰清之手，微现蔚蓝脉线，良不忍遽释，惘然久之，因曰："敬谢阿姊礼我！"

第二十章

余目送静子珊珊行后，喟然而叹曰："甚矣，柔丝之绊人也！"余自是力遏情澜，亟转山脚疾行。渐前，适有人夫牵空车一辆，余招而乘之，径赴车站，购票讫，汽车即发。二日半，经长崎，复乘欧舶西渡。余方豁然动念，遂将静子曩日所滕凤文罗简之属，沉诸海中，自谓忧患之心都泯。

更二日，抵上海。余即入城，购僧衣一着易之，萧然向武林去，以余素慕圣湖之美，今应顺道酬吾夙愿也。既至西子湖边，盈眸寂乐，迥绝尘寰。余复泛瓜皮舟，之茅家埠。既至，余舍舟，肩挑被席数事，投灵隐寺，即宋之问"楼观沧海日，门对浙江潮"处也。余进山门，复至客堂，将行李放堂外左边，即自往右边鹄立。久久，有知客师出问曰："大师何自而来？"余曰："从广州来。"知客闻言，欣然曰："广东富饶之区也。"余弗答，摩襟出牒示之。知客审视牒讫，复欣然导余登南楼安息。余视此楼颇广，丁方可数丈。楼中一无所有，惟灰砖数方而已。迄薄暮，斋罢，余急就寝，即以灰砖代枕。入夜，余忽醒，弗复成寐。又闻楼中作怪声甚厉，余心惊疑是间有鬼，颤栗不已，急以绒毡裹头，力闭余目，虽汗出如沈，亦弗敢少动，漫漫长夜，不胜苦闷。天甫迟明，闻钟声，即起，询之守夜之僧，始知楼上向多松鼠，故发此怪声，来往香客，无不惊讶云。

晨粥既毕，住持来嘱余曰："师远来，晨夕无庸上殿，但出山门扫枯叶柏子，聚而焚之。"余曰："谨受教。"

过午，复命余将冷泉亭石脚衰草剔净。如是安居五日过已，余颇觉祜然自得，竟不识人间有何忧患，有何恐怖，听风望月，万念都空。惟有一事，不能无憾：以是间风景为圣湖之冠，而冠盖之流。往来如鲫，竟以清净山门，为凡夫俗子宴游之区，殊令人弗堪耳。

第二十一章

余一日无事，偶出春淙亭眺望，忽见壁上新题，墨痕犹湿。余细视之，即《捐官竹枝词》数章也，其词曰：

二品加衔四品阶，皇然绿轿四人抬。
黄堂半跪称卑府，白简通详署宪台；
督抚请谈当座揖，臬藩接见大门开。
便宜此日称观察，五百光洋买得来。

大夫原不会医生，误被都人唤此名。
说梦但求升道府，升阶何敢望参丞。
外商吏礼皆无分，兵户刑工浪挂名。
一万白银能报效，灯笼马上换京卿。

一麾分省出京华，蓝顶花翎到处夸。
直与翰林争俸满，偶兼坐办望厘差。
大人两字凭他叫，小考诸童听我枷。
莫问出身清白否，有钱再把道员加。

工赈捐输价便宜，白银两百得同知。
官场逢我称司马，照壁凭他画大狮。
家世问来皆票局，大夫买去署门楣。
怪他多少功牌顶，混我胸前白鹭鸶。

八成遇缺尽先班，铨补居然父母官。
刮得民膏还凤债，掩将妻耳买新欢。
若逢苦缺还求调，偏想诸曹要请安。
别有上台饶不得，一年节寿又分餐。

补褂朝珠顶似晶，冒充一个状元郎。
教官都作加衔用，殷户何妨苦缺当。
外放只能抢刺史，出身原是作厨房。
可怜裁缺悲公等，丢了金钱要发狂。

小小京官不足珍，素珠金顶亦荣身。
也随编检称前辈，曾向王公作上宾。
借与招牌充剃匠，呼来雅号冒儒臣。

衔条三字翰林院，诳得家人唤大人。

余读至此，谓其词雅谑。首章指道员，其二郎中，其三知府，其四同知，其五知县，其六光禄寺署丞，其七待诏；惜末章为风雨剥灭不可辨，只剩"天丧斯文人影绝，官多捷径士心寒"一联而已。此时科举已废，盖指留学生而言也。

余方欲行，适有少年比丘负囊而来，余观其年可十六七，面带深忧极恨之色。见余即肃容合十，向余而言曰："敬问阿师，此间能容我挂单否乎？"余曰："可。吾导尔至客堂。"比丘曰："阿弥陀佛。"余曰："子来从何许？观子形容，劳困已极，吾请助子负囊。"比丘蹩躠曰："谢师厚意！吾果困顿，如阿师言。吾自湖南来着。吾发愿参礼十方，形虽枯槁，第吾心中懊恼，固已净尽无余，且勿知苦为何味也。"

第二十二章

晚上，比丘与余同歇楼上。余视其衣单均非旧物，因意其必为新剃度，又一望可知其中心实有千端愁恨者，遂叩之曰："子出家几载？"比丘聆余言，沉思久之，凄然应余曰："吾削发仅月余耳。阿师待我殊有礼义，中心宁弗感篆？我今且语阿师以吾何由而出家者：

"吾恨人也，自幼失怙恃。吾叔贪利，鬻余于邻邑巨家为嗣。一日，风雨凄迷，余静坐窗间，读《唐五代词》。适邻家有女，亦于斯时当窗刺绣。余引目望之，盖代容华，如天仙临凡也。然余初固不敢稍萌妄念。忽一日，女缮一小小蛮笺，以红线轻系于蜻蜓身上，令徐徐飞入余窗。——盖邻窗与余窗斜对，仅离六尺，下有小河相界耳。余得笺，循环雒诵，心醉其美，复艳其情，因叹曰：'吾何修而能枉天仙下盼耶？'由是梦魂竟被邻女牵系，而不能自作住持矣。此后，朝夕必临窗对晤，且馈余以锦绣文房之属；吾知其家贫亲老，亦厚报之以金。如是者屡矣。

"一日，女复自绣秋海棠笔袋，实以旃檀香屑见贶。余感邻女之心，至于万状，中心自念，非更得金以酬之，无以自对良心也。顾此时阮囊羞涩，遂不获已，告贷于厮仆。不料仆阳诺而阴述诸吾义父之前。翌晨，义父严责余曰：'吾素爱汝，汝竟行同浪子耶？吾家断无容似汝败行之人，汝去！'义父言毕，即草一函，嘱余挈归，致吾叔父。

"余受函入房，女犹倚窗迎余含笑。余正色告之曰：'今日见摈于老父，后此何地何时可图良会耶？'女聆余言，似不欢，怫然竖其一指，逡巡答余曰：'今夕无月，君于十一句钟，似舴艋至吾屋后。君能之乎？'余亟应曰：'能之。'

"余既领香谕，自以为如天之福也，即归至家。叔父诘余曰：'汝语我，将钱何所用？赌耶，交游无赖耶？'余惟恭默，不敢答一辞，恐直言之，则邻女声名瓦解，是何可者？俄顷，叔父复问曰：'汝究与谁人赌耶？'余弗答如故。遂益中吾叔父之怒，乃以桐城烟斗乱剥余肩。余忍痛不敢少动，又不敢哭。黄昏后，余潜取邻舍渔舟，肩痛不可忍，自念今夕不行，将负诺，则痛且死，亦安能格我者？遂勉力摇舟，欸乃而去。及至其宅，刚九句钟，余心滋慰，竟忘痛楚。停桡于屋角。待久之，不见人影，良用焦忧。忽骤雨如覆盆，余将孤艇驶至墙缘芭蕉之下，冒风雨而立。直至四更，亦复杳然。余心知有变，跃身入水，无知觉已。

"迄余渐醒，四瞩，竹篱茅舍，知为渔家。一翁一媪守余侧，频以手按余胸次，甚殷。余突然问曰：'叟及夫人拯吾命耶？然余诚无面目更生人世。'

"媪曰：'悲哉，吾客也！客今且勿言。天必佑客平安无事，吾谢天地！'

"余闻媪言辞温厚，不觉堕泪，悉语以故。媪白发婆娑，摇头叹曰：'天下负心人儿，比比然也。客今后须知自重。'

"叟曰：'勉乎哉！客今回头是岸，佳也。'

"余收泪，跪别翁媪而行，莫审所适，悲腾恨溢，遂入岳麓为僧。乃将腰间所系海棠笔袋并香屑，葬于飞来钟树脚之侧。后此，附商人来是间。今兹茫茫宇宙，又乌睹所谓情、所谓恨耶？"

余闻湘僧言讫，历历忆及旧事，不能宁睡。忽依稀闻慈母责余之声，神为耸然而动，泪满双睫，顿发思家之感。翌朝，余果病，不能兴。湘僧晨夕为余司汤药粥施各事，余辄于中夜感激涕零，遂与湘僧为患难交。后此，湘僧亦备审吾隐恫，形影相吊，无片刻少离。余病兼旬，始获清健，能扶杖出山门眺望，潭映疏钟，清人骨髓。

第二十三章

忽一日，监院过余，言曰："明日中元节，城内麦家有法事，首座命

衲应赴，并询住僧之中，谁合选为同伴者。衲以师对，首座喜甚，道师沉静寡言，足壮山门风范，能起十方宗仰；且麦氏亦岭南人，以师款洽，较他人方便。此吾侪不得不借重于吾师也。"

余答曰："余出家以来，未尝习此，舍《香赞》《心经》《大悲咒》而外，一无所能，恐辱命，奈何？"

监院曰："瑜伽焰口，只此亦够；尚有侍者三人，于诸事殊练达，师第助吾等敲木鱼及添香剪烛之外，无多劳。万望吾师勿辞辛苦，则常住增光矣。"

余不获已，允之。监院欣然遂去。余语湘僧曰："此无益于正教，而适为人鄙夷耳。应赴之说，古未之闻。昔白起为秦将坑长平降卒四十万。至梁武帝时，志公智者，提斯悲惨之事，用警独夫好杀之心，并示所以济拔之方。武帝遂集天下高僧，建水陆道场七昼夜，一时名僧，咸赴其请。应赴之法自此始。余尝考诸《内典》，昔佛在世，为法施生，以法教化四生，人间天上，莫不以五时八教，次第调停而成熟之；诸弟子亦各分化十方，恢弘其道。迨佛灭度后，阿难等结集《三藏》，流通法宝。至汉明帝时，佛法始入震旦。唐、宋以后，渐入浇漓，取为衣食之资，将作贩卖之具。嗟夫，异哉！自既未度，焉能度人？譬如下井救人，二俱陷溺。且施者，与而不取之谓；今我以法与人，人以财与我，是谓贸易，云何称施？况本无法与人，徒资口给耶？纵有虔诚之功，不赎贪求之过。若复苟且将事，以希利养，是谓盗施主物，又谓之负债用，律有明文，呵责非细。"

湘僧曰："阿师言深有至理，令人不可置一词也。第余又不解志公胡必作此忏仪，延误天下苍生耶？"

余曰："志公本是菩萨化身，能以圆音利物。唐持梵呗，已无补秋毫，矧在今日凡僧，更何益之有？云栖广作忏法，蔓延至今，徒误正修，以资利养，流毒沙门，其祸至烈。至于禅宗，本无忏法，而今亦相率崇效，非宜深戒者乎？顾吾与子，俱是正信之人，既皈依佛，但广说其四谛八正道，岂人天小果有漏之因，同日语哉？"

湘僧曰："善哉！马鸣菩萨言：诸菩萨舍妄，一切显真实；诸凡夫覆真，一切显虚妄。"

第二十四章

明日，余随监院莅麦氏许，然余未尝询其为何名，隶何地，但知其为宰官耳。入夜，法事开场，此余破题儿第一遭也。此时，男女叠肩环观者甚众。监院垂睫合十，朗念真言，至"想骨肉已分离，睹音容而何在"，声至凄恻。及至"呜呼！杜鹃叫落桃花月，血染枝头恨正长"，又"昔日风流都不见，绿杨芳草髑髅寒"，又"将军战马今何在？野草闲花满地愁"等句，则又悲健无伦。斯时举屋之人，咸屏默无声，注瞩余等。

余忽闻对壁座中，有婴宛细碎之声言曰："殆此人无疑也。回忆垂髫，恍如隔世，宁勿凄然？"时复有男子太息曰："伤哉！果三郎其人也。"余骤闻是言，岂不惊悸？余此际神色顿变，然不敢直视。女郎复曰："似大病新瘥。我知三郎固有难言之隐耳。"余默察其声音，久之始大悟其即麦家兄妹。为吾乡里，又为总角同窗。计相别五载，想其父今为宦于此。回首前尘，徒增浩叹耳。忆余羁香江时，与麦氏兄妹结邻于卖花街。其父固性情中人，意极可亲，御我特厚；今乃不期相遇于此，实属前缘。余今后或能藉此一讯吾旧乡之事，斯亦足以稍慰飘零否耶？余心于是镇定如常。

黎明，法事告完，果见僮仆至余前揖曰："主人有命，请大师贲临书斋便饭。"余即随之行。此时，同来诸僧骇异，以彼辈未尝知余身世，彼意谓余一人见招，必有殊荣极宠。盖今之沙门，虽身在兰阇，而情趣缛荤者，固如是耳。及余至斋中，见餐事陈设甚盛：有莼菜，有醋鱼，五香腐干、桂花栗子、红菱藕粉、三白西瓜。龙井虎跑茶。上蒋虹字腿，此均为余特备者。余心默感麦氏，果依依有故人之意，足征长者之风，于此炎凉世态中，已属凤毛麟角矣。

少许，麦氏携其一子一女出斋中，与余为礼。余谛认麦家兄妹容颜如故，戏彩娱亲。而余抱天涯之戚，四顾萧条，负我负人，何以堪此？因掩面哀咽不止。麦氏父子深形凄怆，其女公子亦不觉为余而作啼妆矣。无语久之，麦氏抚余庄然言曰："孺子毋愁为幸。吾久弗见尔，先是闻乡人言，吾始知尔已离俗，吾正深悲尔天资俊爽。而世路凄其也。吾去岁挈家人侨居于此。昨夕儿辈语我以尔来吾家作法事，令老夫惊喜交集。老夫耄矣，不料犹能会尔，宁谓此非天缘耶？尔父执之妇，昨春迁居香江，死于喉疫。今老夫愿尔勿归广东。老夫知尔了无凡骨，请客吾家，与豚儿作伴，则尔于余为益良多。尔意云何者？"余闻父执之妻早年去世，满怀悲感，叹人事百变叵测也！

第二十五章

余收泪启麦氏曰："铭感丈人不以残衲见弃，中心诚皇诚恐，将奚以为报？然寺中尚有湘僧名法忍者，为吾至友，同居甚久，孺子滋不忍离去。后此孺子当时叩高轩侍教，丈人其恕我乎？"麦氏少思，蔼然言曰："如是亦善，吾惟恐寺中苦尔。"余即答曰："否，寺僧遇我俱善。敬谢丈人垂念小子，小子何日忘之！"麦氏喜形于色，引余入席。顾桌上浙中名品咸备，奈余心怀百忧，于此时亦味同嚼蜡耳。饭罢，余略述东归寻母事。麦氏举家静听，感喟无已。麦家夫人并其太夫人亦在座中，为余言"天心自有安排"，嘱余屏除万虑。余感极而继之以泣。及余辞行，麦家夫人出百金之票授余，嘱曰："孺子莫拒，纳之用备急需也。"余拜却之曰："孺子自逗子起行时，已备二百金，至今还有其半，在衣襟之内。此恩吾惟心领，敬谢夫人！"

余归山门，越数日，麦家兄妹同来灵隐，视余于冷泉亭。余乘间问雪梅近况何若。初，兄妹皆隐约其辞，余不得端倪，因再叩之，凡三次。其妹微蹙其眉，太息曰："其如玉葬香埋何？"余闻言几踣，退立震慑，捶胸大恸曰："果不幸耶？"其兄知旨，急挽余臂曰："女弟孟浪，焉有是事？实则……"语至此，转复慰余曰："吾爱友三郎，千万珍重！女弟此言非确，实则人传彼妹春病颇剧耳。然吉人自有天相，万望吾爱友切勿焦虑，至伤玉体。"余遂力遏其悲。

是日，麦兄妹复邀余同归其家。翌晨，余偶出后苑嘘气，适逢其妹于亭桥之上，扶阑凝睇，如有所思。既见余至，不禁红上梨涡，意不忍为陇中佳人将消息耳。余将转身欲行，其妹回眸一盼，娇声问曰："三郎其容我导君一游苑中乎？"余即鞠躬，庄然谢曰："那敢有劳玉趾？敬问贤妹一言，雪梅究存人世与否？贤妹可详见告欤？"其妹嘤然而呻，辄摇其首曰："谚云：'继母心肝，甚于蛇虺'不诚然哉？前此吾居乡间，闻其继母力逼雪姑为富家媳，迨出阁前一夕，竟绝粒而夭。天乎！天乎！乡人咸悲雪姑命薄，吾则叹人世之无良一至于此也！"余此时确得噩信，乃失声而哭。急驰返山门，与法忍商酌同归岭海，一吊雪梅之墓，冀慰贞魂。

明日午后，麦氏父子亲送余等至拱宸桥，挥泪而别。

第二十六章

余与法忍至上海，始悉襟间银票，均已不翼而飞，故不能买舟，遂与法忍决定行脚同归。沿途托钵，蹭蹬已极。逾岁，始抵横蒲关，入南雄边界。既过红梅驿，土人言此去俱为坦途，然水行不一由延能达始兴。余二人尽出所蓄，尚可敷舟资及粮食之用，于是扬帆以行。风利，数日遂过浈州，至始兴县，余二人忧思稍解。

是夕，维舟于野渡残杨之下。时凉秋九月矣，山川寥寂，举目苍凉。忽有西北风潇飒过耳，余悚然而听之。又有巨物呜呜然袭舟而来，竟落灯光之下，如是者络续而至。余异而瞩之，约有百数，均团脐胖蟹也。此为余初次所见，颇觉奇趣。法忍语余曰："吾闻丹凤山去此不远，有张九龄故宅。吾二人明晨当纤道往观。"又曰："惜吾两人不能痛饮，否则将此蟹煮之，复入村沽黄醑无量，尔我举匏樽以消幽恨。奈何此夕百忧感其心耶？"语次，舟子以手指枫林旷刹告余二人曰："此即怀庵古兰若也，金碧飘零尽矣。父老相传，甲申三月，吾族遗老誓师于此。不观腐草转磷，至今犹在？嗟乎！风景依然，而江山已非，宁不令人愀然生感，歔欷不置耶？"

迨余等将睡，忽尔黑风暴雨遽作。余谓法忍："今夕不能住宿舟中，不若同往荒殿少避风雨，明日重行。"法忍曰："善。"余二人遂辞舟子，向枫林摩道而入。既至山门，缭垣倾圮殆尽，扉亦无存者。及入，殿中都无声响，惟见佛灯，光摇四壁，殿旁有甬道，通一耳室，余意其为住僧寮房，故止步弗入。法忍手扪碑上题诗。读曰：

> 十郡名贤请自思，座中若个是男儿？
>
> 鼎湖难挽龙髯日，鸳水争持牛耳时。
>
> 哭尽冬青徒有泪，歌残凝碧竟无诗。
>
> 故陵麦饭谁浇取？赢得空堂酒满卮。

余曰："此澹归和尚贻吴梅村之诗也。当日所谓名流，忍以父母之邦，委于群胡。残暴戮辱，亦可想而知矣。澹归和尚固是顶天立地一堂堂男子。呜呼！丹霞一炬，遗老幽光，至今犹屈而不申，何天心之愦愦也？"

时暴雨忽歇。余与法忍无言，解袯卧于殿角。余陡然从梦中惊醒，时万籁沉沉，微闻西风振箨，参以寒虫断续之声。忽有念《蓼莪》之什于侧

室者，其声酸楚无伦。听至"哀哀父母，生我劬劳"句，不禁沉沉大恸，心为摧折。

晨兴，天无宿翳。余视此僧，呜呼，即余乳媪之子潮儿也！余愕不止，潮儿几疑余为鬼物，相视久之，悲咽万状曰："阿兄归几日耶？"余曰："昨夕抵此，风雨兼天，故就宿殿内。贤弟何故失容？阿母无恙耶？"

潮儿未及发言，已簌簌落泪，向余言曰："慈母见背，吾心悲极为僧，庐墓于此，三经弦望矣。"

余闻言，震越失次，趋前抱潮儿而恸哭曰："吾意归南海必先见吾媪。余自襁褓，独媪一人怜而抚我，不图今已长眠。天乎！吾媪养育之恩，吾未报其万一。天乎，吾心胃都碎矣！"

既而潮儿导余等出西院门，至其亡母墓前，黄土一抔，白杨萧萧，山鸟哀鸣其上。余同法忍俯伏陨涕。潮儿抆泪言曰："亡母感古装夫人极矣！舍古装夫人而外，欲得一赐惠之人，无有也。吾前月奉去一笺，不知阿兄遄归。今会阿兄于此，亦余梦魂所不及料，宁非苍天垂愍？先母重泉慰矣。"

第二十七章

余等暂与潮儿为别，遂向雪梅故乡而去。陆行假食，凡七昼夜，始抵黄叶村。读者尚忆之乎？村即吾乳媪前此所居，吾尝于是村为园丁者也。顾吾乳媪旧屋，既已易主，外观自不如前，触目多愁思耳。余与法忍投村边破寺一宿。晨曦甫动，余同法忍披募化之衣，郎当行阡陌间，此时余心经时百转，诚无以对吾雪梅也。既至雪梅故宅，余伫立，回念当日卖花经此，犹如昨晨耳，谁料云鬟花颜，今竟化烟而去！吾憾绵绵，宁有极耶？嗟乎！雪梅亦必当怜我于永永无穷。余羁縻世网，亦怦怦欲尽矣。惟思余自西行以来，慈母在家盼余归期，直泥牛入海，何有消息？余诚冲幼，竟敢将阿姨、阿母残年期望，付诸沧渤，思之，余罪又宁可逭耶？此时余乃战兢而前，至门次，颤声连呼："施主，施主！"少顷，小娃出，余审视之，果前此所遇侍儿，遗余以金者。侍儿忽尔却立，面容丧失，凝眸盼余二人，若识若不识。余未发言，寸心碎磔，且哭且叩侍儿曰："子还忆卖花人否耶？雪姑今葬何许？幸子导吾一往，则吾感子恩德弗尽。吾今急不择言，以表吾心，望子怜而恕我。"侍儿闻余言，始为凛然，继作怒容，他顾久之，厉声曰："异哉！先生，人既云亡，哭胡为者？曾谓雪姑有负于先生耶？试问鬻花郎，吾家女公子为谁魂断也？"言至此，复相余身，双颊殷红，含椒言曰："和尚行矣。恕奴无礼以对和尚。"语已返身，力阖其扉。

余正垂首，无由申辩，不图竟为僮娃峻绝，如剚余以刃也。余呆立，几不欲生人世。良久，法忍殷殷慰藉，余不觉自缓其悲，乃转身行。法忍随之。既而就村间丛冢之内遍寻，直至斜阳垂落，竟不得彼姝之墓。俄而诸天曛黑，深沉万籁，此际但有法忍与余相对呼吸之声而已。余低声语法忍曰："良友，已矣，吾不堪更受悲怆矣！吾其了此残生于斯乎！"法忍闻余言，仰首瞩天，少选，以悲哽之声百端慰解，并劝余归寺，明日更寻归途。余颓僵如尸，幸赖法忍扶余，迤逦而行。

呜呼！"踏遍北邙三十里，不知何处葬卿卿"。读者思之，余此时愁苦，人间宁复吾匹者？余此时泪尽矣！自觉此心竟如木石，决归省吾师静室，复与法忍束装就道。而不知余弥天幽恨，正未有艾也。

天涯红泪记

第一章

綵滩之岁，天下大乱，燕影生以八月二十一日仓皇归省。平明，辞高等学堂。诸生咸返乡间，堂中惟余工役辈集厨下，蹙蹙不安，知有非常之祸。街上不通行旅，惟见乱兵攒刃蹀躞，生尽弃书籯，促步出城。至小南门，童谣云："职方贱如狗，将军满街走，心知不祥。生既登舟，舟中人咸掬万愁于面，盖自他方避难而来，默不一语，辄相窥望。时有卜者为人言休咎，生静立人丛中，心仪卜者俊迈有风；卜者亦数目生，似欲有言而弗言。忽尔城内炮声不断，舟中人始大哗，或有掩泪无言者。舟主是英吉利人，即令启舷。舟行可数里，生回注城楼之上，黑烟突突四起。是日天气阴晦，沿途风柳飘萧。生但默祷梵天帝释庇佑，平安到家，拜仁慈母氏，世乱本属司空见惯也。

亡何，生既宁家，生之慈母方制重九糕，女弟制飞鸾饼子，母见生，大喜，曰："谢上苍佑吾儿无恙，果归矣！"即传言侍女陈晚膳，生视之，红豆饭也。母言："今日为重九佳节，家中食罗睺罗饭，年年如此。"饭后，女弟问生乱事甚烦。生垂涕曰："嗟夫！四维不张，生民涂炭，宁有不亡国者？今吾但知奉承阿母慈祥颜色可耳。"

一日，母命游圣恩寺。——圣恩寺者，古寺也。旁午，通出碧海，憩夕阳楼，观涛三日。复径西北，涉二小水，不复知远近矣。忽至一处，湖水周环新柳，游鱼细石，直视无碍。更前，则为山谷。生心谓人间无此清逸，徘徊流盼，微闻异音如鸣环佩。母云："大有景处，昔人称'弹筝谷'，殆指此欤？"生解骑，扶将母氏，赁渔庄居焉。时为暮春，犹带微寒，斜月窥帘，花香积水。生乍听疏篱之外，有人低咏曰："石龟尚怀海，我宁亡故乡？"生审此声凄丽，必出自女子，心生怪异。

翌日，天朗无云，湖水澄碧。生辞母氏出庐，纵步所之，仰望前面山脉，起伏曲折，知游者罕至。湖之西，古榕甚茂，可数百年物也。生就林外窥之，见飞泉之下，有石梁通一空冥所在，生喜，徐徐款步，不觉穿榕林而出，水天弥望，生不知其为湖为海。读吾书者思之：夫人遭逢世变，岂无江湖山薮之思？况复深于患忧如生者！生凝伫，觉盈眸寂乐，沾恋不去。忽隐约中，见高柳之下，有老人踞石行渔，神采英毅，惟老态若骊龙矣，因迤逦就老人之侧，微叩之曰："叟之渔，渔者之渔，抑隐者之渔？可得闻乎？"老人闻言，始举首瞩生，自颅及踵，少许，答曰："善哉，客之问也！无思无虑，纵意所如，渔者之渔，老夫未能也。若夫姜尚父、严子陵，名垂青史，后世贤之，此隐者之渔；夫隐者固非钓渔而钓名耳，老夫何与焉？"老人言至此，收拾钓竿，以手指南岸树林示生曰："老夫居是间，历十余年。路不拾遗，夜不闭户，谈话不过农夫田父。老夫观客玄默有仪，无诱慕于世伪者，客其一尘游展乎？"生恭谨答曰："小子既入仙乡，此生难得，今叟见招，敢不如命？"

生随老人行，山角凡四转，泉水激石，泠泠作响，既见柳岸，复行半里。得板桥。老人笑面生曰："至矣。"言讫，又导生行。板桥渡已，乃过竹围，入老人茅屋矣。老人命生坐，言曰："吾女当来见客。客了无凡骨，可为吾友。"生重复致谢老人厚遇。老人既出菜圃，生见竹壁悬烂剑一柄，几上奇石如斗大，外无他物。忽尔，老人携其女入，修臂下垂，与生为礼。生正视之，密发虚鬟，非同凡艳。生问老人姓氏，并是地何名，老人都不答，但摇其首。久之，询生奚得至此，生一一告以故，老人甚欣欢。少选，老人之女捧果以进，置石几上。果丹色，大于鸡子，生所未见，询之老人，老人曰："硕果，此土终岁产之。客食十枚，可尽日无饥渴，老夫数枚足矣。"生剥果啖之，香甜凝舌，中有实一粒如豆。老人云："此核可为药，用治外伤。"食果毕，老人为生谈者，均剑术家言，蝉联不觉日暮，生请告辞，归慰慈母。老人起立曰："且慢，吾女当以舴艋送子，吾女亦宿邻岸姨家。子明日请再临存，或客吾许，可乎？"生以母氏同来，因约老人以明日再行奉谒。老人伫立岸上，女领生登舟，舟小如芥，既左出，始不见老人颜色。时日落崦嵫，微风送棹。生自念如是风光中，得如是名姝垂青。复感老人情极真朴，以为天壤间安得如是境域？实令生无从着思。猛忆老人垂纶之际，面带深忧极恨之色，意者老人其任侠之流欤？生此时心事乃如潮涌，于是正襟危坐，径问女曰："名姝何姓？地是何名？望有以见教也。"女赧然良久，嘤然而呻曰："吾禀老父之命，未能遽答先生，幸先生容之。老父固有隐怀。先生善人，异日或有以奉述于先生之前耳。昨日马上郎君，投止姨氏邻家，非先生也耶？"生曰："诚不慧也。不慧奉母游名刹，不图失道至此，然母氏正乐是间风物，敢问名姝，昨日黄昏，何人诵陆机诗句者？名姝其或识斯人否？"女闻生言，低首无语。生视女双涡已泛淡红，复视女两手莹洁如雪，衬以蔚蓝天色，殆天仙也。生自省唐突，乃回视前岸，渔灯三五，母氏已立堤畔。生启女曰："余母望余久，敬谢名姝棹我归来，不然，吾步行，母氏迟余矣。"女无言，但微哂。

此燕影生第一次与绝代名姝晋接之言，即亦吾书发凡也。

第二章

明日，晨曦在树，生复至老人许。老人遇生备极友爱，但仍絮絮向生言剑法。生生平未尝学剑，顾聆老人言，心动，跪求受业。老人思少间，慨然曰："诺！"于是出剑授生，循循诱掖。生奉老人惟谨。不觉木叶战风，清秋亦垂尽矣。

一日，女肃然谓生曰："吾闻人生哀乐，察其眉可知。然则先生亦有忧患乎？"莺吭一发，生已泪盈其睫。女仰天而晞，已而出纤手扶生腰围，令坐于树根之上，低声曰："先生千万珍重！晨来见先生郁郁，是以不能无问，幸恕唐突耳。"生闻言，不禁感动于怀，心念："此女肝胆照人，一如其父，匪但容仪佳也。然吾今生虽抱百忧，又奚可申诉于婴婴婉婉者之前？惟苍苍者知吾心事耳。尝闻老人言，此女剑术亦深造而神悟，兼有侠骨。斯人真旷劫难逢者矣。"生寻思至此，立坠于情网之中，不自觉也。

忽尔，老人偕一新客至生侧，谓曰："此吾弟，刚自外归。"生愕然，起立恭迎，微有怅触，揖而问之曰："长者似曾相识？"其人亦长揖答曰："前此舟中卜者，忆念之乎？"生始洒然有省，因叩行止。其人展掌笑曰："行时绝行迹，说时无说踪。行说若到，则埃生招箭；行说未明，则神锋划断，就使说无渗漏，行不迷方，犹滞觳漏在。若是大鹏金翅，奋迅百千由旬；十影神驹，驰骤四方八极。不取次啄啄，不随处埋身，且总不依倚。还有履践分也无，刹刹尘尘是要津。"生恍然大悦曰："得聆謦緵，实属前缘。舟中胡以吝教？"其人骤执生手，喟然叹曰："良友，鄙人仰企清辉久矣！顾为罗网所隔，不忆江上吾屡欲与良友晤谈而未果耶？然吾既断彼伧右臂，今对良友可告无愧。彼伧者，耀武扬威、残贼人民之某将军也，姑隐其名，以存忠厚。今且语良友以吾何由知君高义干云、博学而多情者也。"言次，出小影一幅示生曰："此君玉照，即曩日女郎临别亲授鄙人，且言曰：'此妾生生世世感戴弗忘之人，或因相遇，幸为口述，妾虽飘瞥，依然无恙；并为妾贡其诚款，或者上苍见怜，异日犹有把晤之期，报恩于万一，亦未可料。'女郎言已，泪如绠绯。鄙人故珍藏之。今兹女郎情愫已达君前，即此玉照亦敬以还君耳。"生太息曰："甚矣哉，情网之藻人也，此女以无玷之质，生逢丧乱，遇人不淑，致令流离失所。然而哀鸿遍野，吾又何能一一拯之，使出水火之中耶？此女既云无恙，深感天心仁爱。复愿长者为言其详。"其人抚膺续曰："昔黄帝有涿鹿之战，以定火灾；颛顼有共工之阵，以平水害，成汤有南巢之伐，以殄夏乱。至于任侠之流，为人排难解纷，亦所受于天耳。"……

女杰郭耳缦

女杰与无政府党

咄！咄！！咄！！！北美合众国大统领麦金莱（原译麦坚尼），于西历一千九百零一年九月十四日被枣高士刺毙于纽约（原译纽育）博览会。捕缚之后，受裁判。枣高士声言："行刺之由，乃听无政府党巨魁郭耳缦女杰之演说，有所感愤，决意杀大统领者也。"

当局者下捕郭耳缦女杰之令，追寻四日，竟由无政府党员西脑李斯之住宅就缚。

女杰之素行

郭耳缦年三十二，生于俄京圣彼得堡。当十六年前，姐妹偕至美国，定居于罗彻斯特（原译洛旗斯达）。身在中流社会，常寄同情于不幸之贫民，被种种不正裁判事件所驱，竟投身于无政府党，以鼓吹该党之主义为生涯。

女杰与枣高士之关系

郭耳缦与枣高士无深交，彼此仅面会一次，亲与谈话亦不过片刻之间耳。五月中旬，郭耳缦在克利夫兰（原译库黎乌兰）市开讲演会二次。时枣高士临会，听其议论，雄心勃勃，谋杀大统领之机已动于此。政府指女杰为暗杀之教唆者，非偶然也。

女杰之气焰

郭耳缦曰:"无政府党员,非必须嗾使枣高士加凶行于大统领也。大统领何人? 自无政府党之眼视之,不过一最无学无用之长物已耳! 有何所尊崇? 然则无政府党亦何为而必加刃于此无用之长物也耶? 当世之人,于大统领之被杀也,亦非常惊扰,此诚妾所不解者。妾无政府党员也,社会学者也。无政府党之主义,在破坏社会现在之恶组织,在教育个人,断非持利用暴力之主义者。妾之对于该犯人之所为,毫不负其责任,因该犯人依自己之见解而加害于大统领。若直以妾为其教唆者,则未免过当也。该犯人久苦逆境,深恶资本家之压抑贫民,失望之极,又大受刺激,由万种悲愤中,大发其拯救同胞之志愿者耳。"

狱中之女杰

斯时也,女杰拘留狱中,意气轩昂,毫无挫折。遥见铁窗之外,哀吊大统领之半旗飘然高树于街头,女杰冷然叹曰:"大统领死,是奚足怪? 人皆有必死之运命,王侯、贵族、劳动者,何所区别耶? 麦金莱之死也,市民皆为之惜,为之悲,何为乎? 特以其为大统领故,而追悼之耶? 吾宁深悼。夫市井间可怜劳动者之死也!"其卓见如此。女杰后卒放免,而枣高士遂定罪。

英皇之警戒

英皇爱德华(原译爱德威尔)七世,因此深为之惧。日夜孜孜严加警戒,常使数名微服警官卫护身边,如秦始皇也者。噫! 皇帝,皇帝,诚可怜矣!

各国无政府党之响应

是时各国之无政府党人,云起响应,如某宝玉商与法人富塞伦氏论南

非洲之惨状，而归咎于英国殖民大臣张伯伦。宝玉商遂嗾富氏刺杀张伯伦，而富氏不允诺。宝玉商怒甚，即在地上执起铁棒，将富氏击毙，此宝玉商固有名之社会党员也。同日又有加拿大警电，云英国皇太子巡游殖民地之时，有无政府党员，抱暗杀之目的，同到市中，后市长知之，严为防护，乃免。千八百九十八年九月一日，奥、匈国皇后伊莉莎白（原译以利沙伯托），正徒步游览于瑞士（原译瑞西）国日内瓦（原译更富市）间，忽被二十五岁之工人所诛。是非无政府党员意大利路易基尔秦之所为乎？又千九百年七月二十九日，意帝洪伯尔特一世（原译夫母陪尔德一世）由罗马市郊外蒙萨村之归途，殪于凶人之手。是非无政府党员意大利人布列西之所为乎？又千九百一年三月六日，德皇威廉第二世赴不来梅（布内门）市之火车站，途中遇一工人，持铁袭来，帝乃负伤。又千九百二年十一月十五日，比利时今皇李奥波尔德（原译雷阿活尔）第二世尝受短铳弹丸，幸负微伤。是非无政府党员意大利人夫尔诺之所为乎？——继此风云，尚不知其何所极也！

呜呼广东人

吾悲来而血满襟，吾几握管而不能下矣！

吾闻之：外国人与外省人说："中国不亡则已，一亡必亡于广东人手。"我想这般说，我广东人何其这样该死？岂我广东人生来就是这般亡国之种么？我想中国二十一行省，风气开得最早者，莫如我广东。何也？我广东滨于海，交通最利便。中外通商以来，我广东人于商业上最是狡猾。华洋杂处，把几分国粹的性质，淘溶下来，所以大大地博了一个开通的名气。这个名气，还是我广东的福，还是我广东的祸呢？咳，据我看来，一定是我广东绝大的祸根了！何也？"开通"二字，是要晓得祖国的危亡，外力的危迫，我们必要看外国内国的情势，外种内种逼处的情形，然后认定我的位置。无论其手段如何，"根本"二字，万万是逃不过，断没有无根本的树子可以发生枝叶的。依这讲来，印在我广东人身上又是个什么样儿？我看我广东人开通的方门，倒也很多。从维新的志士算起，算到细崽洋奴，我广东人够得上讲"开通"二字者，少讲些约有人数三分之一，各省的程度，实在比较不来。然而我广东开通的人虽有这样儿多，其实说并没有一个人也不为过，何也？我广东人有天然媚外的性质，看见了洋人，就是父爷天祖，也没有这样巴结。所以我广东的细崽洋奴，独甲他省，我讲一件故事，给诸位听听：香港英人，曾经倡立维多利亚纪念碑，并募恤南非战事之死者二事，而我广东人相率捐款，皆数十万，比英人自捐的还多数倍。若是遇了内地的什么急事，他便如秦人视越人的肥瘠，毫不关心。所以这样的人，已经不是我广东人了！咳！那晓得更奇呢！我们看他不像是广东人，他偏不愿作广东人，把自己祖国神圣的子孙弃吊，去摇尾乞怜，当那大英大法等国的奴隶，并且仗着自己是大英大法等国奴隶，来欺虐自己祖国神圣的子孙。你看这种人于广东有福？于广东有祸？我今有一言正告我广东人曰："中国不亡则已，一亡必先我广东；我广东不亡则已，一亡必亡在这班入归化籍的贱人手里。"

于今开通的人讲自由，自思想言论自由，以至通商自由，信教自由，却从没有人讲过入籍自由，因为这国籍是不可紊乱的。你们把自己的祖宗不要，以别人之祖宗为祖宗，你看这种人还讲什么同胞？讲什么爱国？既为张氏的子孙，便可为李氏的子孙。倘我中国都像我广东，我想地球面皮上，容不着许多惯门归化的人。呜呼我广东！呜呼我广东！这是我广东人开通的好结果！这是我广东人开通的好结果。

我久居日本，每闻我广东人入日本籍者，年多一年。且日本收归化顺民，须富商积有资财者，方准其入归化籍。故我广东人，旅居横滨、神户、长崎、大阪等处，以商起家者，皆入日本籍，以求其保护，而诳骗欺虐吾同胞。东洋如此，西洋更可想见。呜呼！各国以商而亡人国，我国以商而先亡己国！你看我中国尚可为吗？你看我广东人的罪尚可逭吗？吾思及此。

吾悲来而血满襟，吾几握管而不能下矣！

《秋瑾遗诗》序

死即是生，生即是死。

秋瑾以女子身，能为四生请命，近日一大公案。秋瑾素性，余莫之审。前此偶见其诗，尝谓女子多风月之作，而不知斯人本相也。秋瑾死，其里人章炳麟序其遗诗，举袁公越女事。嗟夫！亡国多才，自古已然！余幼诵明季女子《绝命诗》云：

影照江干不暇悲，永辞鸾镜敛双眉；
朱门曾识谐秦晋，死后相逢总未知。

征帆已说过双姑，掩泪声声泣夜乌。
葬入江鱼波底没，不留青冢在单于。

少小伶仃画阁时，诗书曾拜母兄师。
涛声夜夜催何急，犹记挑灯读《楚辞》。

生来弱质未簪笄，身没狂澜叹不齐。
河伯有灵怜薄命，东流直绕洞庭西。

当年闺阁惜如金，何事牵裾逐水滨？
寄语双亲休眷恋，入江犹是女儿身！

遮身只是旧罗衣，梦到湘江恐未归。
冥冥风涛又谁伴，声声遥祝两灵妃。

厌听行间带笑歌，几回肠断已无多！
青鸾有意随王母，空费人间设网罗。

国史当年强记亲，杀身自古以成仁；
簪缨虽愧奇男子，犹胜王朝供事臣。

悲愤缠绵，不忍卒读。盖被虏不屈，投身黄鹤渚而死者。善哉，善男子，善女人，谛思之，视死如归，欹歟盛哉！

《曼殊画谱》序

　　昔人谓山水画自唐始变，盖有两宗，李思训、王维是也（后称王维画法为"南宗"，李思训画法为"北宗"）。又分勾勒、皴擦二法："勾勒"用笔，腕力提起，从正锋笔嘴跳力，笔笔见骨，其性主刚，故笔多折断，此归"北派"；"皴擦"用笔，腕力沉坠，用惹侧笔身拖力，笔笔有筋，其性主柔，故笔多长韧，此归"南派"。

　　李之传为宋王诜、郭熙、张择端、赵伯驹、伯骕，及李唐、刘松年、马远、夏圭，皆属李派；王之传为荆浩、关同（一名种，又作童，《宣和画谱》作仝）、李成、李公麟、范宽、董元（一作源）、巨然、及燕肃、赵令穰、元四大家，皆属正派。李派板细乏士气，王派虚和萧散，此又惠能之禅，非神秀所及也。至郑虔、卢鸿一、张志和、郭忠恕、大小米、马和之、高克恭、倪瓒辈，又如不食烟火人，另具一骨相者。及至今人，多忽略于形象，故画焉而不解为何物，或专事临摹，苟且自安，而诩诩自矜者有焉。明李流芳曰："余画无师承，又不喜规摹古人，虽或仿之，然求其似，了不可得。"夫学古人者，固非求其似之谓也。子久、仲圭学董巨，元镇学荆、关，彦敬学二米，亦成其为元镇、子久、仲圭、彦敬而已，何必如今之临摹古人者哉？

　　衲三至扶桑，一省慈母。山河秀丽，寂相盈眸。尔时何震搜衲画，将付梨枣。顾衲经钵飘零，尘劳行脚，所绘十不一存，但此残山水若干帧，属衲序之。嗟夫！汉画之衰久矣！今何子留意于斯，迹彼心情，别有怀抱。然而亡国留痕，夫孰过而问者？

　　佛灭度后二千三百八十三年　粤东慧龙寺曼殊。

告宰官白衣启

往者戊戌之岁，金壬在朝，始言鬻庙。事虽中格，在官者多因以为利。其后奉诏，敕建诸刹，不得毁废。自余以僧尼薄行籍没寺产者，所在见告。亦有豪强武断，末学哗时，托事营私，规为己利。然非谬见荧人，何以得此？窃谓敕建以外，系属十方，为众生所公有，岂得抑勒归官，恣意改作。僧徒作奸，自有刑宪，爰书论罪，事在一人。所住招提，本非彼僧私产，何当株连蔓引，罪及屋乌？必若全寺皆污，宜令有司驱遣。所存旷刹，犹当别请住持。今则缘彼罪愆，利其土地。

夫处分赃吏，但有籍其家资，未闻毁其官署，佛寺既非私有，比例可知。蹊田夺牛，依何典法？窃窥诸君微意，盖有先伏膏肓者，今以三科分辩：第一，谓宗教当废者。经纪人伦，须凭常识，禅修梵行，无益生民。此自法家恒语，不劳驳论。然则景教流行，已遍方域，祷祠上帝，广说生天。理绝常区，岂为务民之义？若云摩西"十诫"，厚俗之方。佛家亦有"五戒"、"四无量"等，遍及庶黎，足资风教。此则尘垢秕糠。陶铸尧舜，岂专冥心物外，高语无生而已！若谓禁遮匹偶，人道将穷。宁知罗马宗教，神父亦无妻室。佛制四众，居士并于比丘。斯则去发染衣，例同神父；随俗雅化，如彼信徒。一则轨范所存，一则随机利见。自朱士行出家而后，迄今千六百年。未闻震旦齐民户口有减。良以情欲奔流，利如驰电，正忧放恣，何惧禁遮？故知习斋、恕谷之言，徒虚妄尔。诚使宗教当除，何以罗马、路得二宗，反应保护？昔宇文氏勒僧返俗，而黄巾羽士，例亦同遮。今若废灭沙门，亦应拨除景教。若谓条约所牵，未得自在。斯乃茹柔吐刚，长国家者岂应若尔？既难俱灭，便合两存。共在统治之中，同居保护之地；是以君子有挈矩之道也。又且典祀所存，尚多失正。文昌淫昏之鬼，享以全牛；永叔奸通之徒，尊之两庑。士民噤口，无闻异言。而于清净觉宗，反施攻击。斯可谓倒植者矣。第二，谓僧无学行者。今之僧众，半起白徒；名字未知，何论经教？亦有显违戒律，趣逐尘劳，斯实可为悲愤。然则建设学林，智慧自长；维持毗奈，污点斯除。但当处理有方，何得悉从废弃？且厚责他人，先宜自省。夫法律为官司所应习，文学乃士夫所当知。方今长史，簿书期会，尚待幕僚；问以科条，十不知一。清丈易了，而云难于测天；户口易知，而云繁于数米。其有捐纳起家者，门丁婢婿，错杂其间。诉状在前，且难卒读；条教自下，犹不周知。而以不通经典责备僧徒，能无愧乎？儒书四部，既有典常。今者汉、宋学人，零落殆尽。《墨经》《庄论》，句义尚疏，浮夸苏轼之论锋，剪截端临之《通考》，外强内荏，自谓通材，犹不可数数得也。上及翰苑，问学尤粗。高者侈记诵之奢，下者骛浮华之作。往昔次风、伯元诸子，学非绝人，今且不可得一。乃至新学诸生，益为肤受。国粹已失，外学未通；偶涉波涛，便谈法政；不分五谷，遽说农商。及其含毫作奏，文句不娴，侏离难断，夫万方学者，未有不达邦文；此土高材，宛尔昧于句度。温故知新已难，而知德者鲜矣。然则学如牛毛，成如麟角；九流一概，何独沙门？必其以少见珍，则白衣固有孙仲容、王壬秋矣，更复引其同列，则法门亦有谛闲法师矣。若夫居贤善俗，方内常经。而今世官邪，腐败如彼。草茅志士，亦鲜清流。游一国未有不污其声色，事一主未有不吮其痈痔，兴一事未有不肥其囊橐，用一人未有不视其苞苴。奸纪点身，犹视沙门为甚。昔三武废僧，其臣皆文章经国。诸君自视，清风硕画，能望崔浩、苏威、李德裕否？正使三武复生，恐废黜者不在佛教也。第三，谓佛法无用者。寂灭无生，本非世谛。高谈哲理，语不经邦。斯亦常人所恨，无足致怪。且论今日空谈之学，可一切废绝耶？哲学造端，远起希腊。虽亦间及政治，而多落漠难知。逮及近世，德国诸师，张皇幽眇。唯理唯心之论，大我意志之谈，利用厚生，何补毫末？其言伦理，义复幽玄。切近可行，犹逊佛教。然且立之国学，以授生徒。何故佛言，偏应废弃？又如天文一科，用在推历，其间甄明经纬，术与准望相依，测土、选航，咸资其利。至于今日，转益求精，翻成无用。问恒星世界之有无，计地球触彗之迟速。非直远于民事，亦且言之无征。生理、生物诸学，斯与民食医方，皆足相辅。更探元始，乃反无依。寻生理之单位，验猿类之化人，足助多知，岂关民业？然皆学士所明，讲求无替。以是言之，跐足黄泉，足用便失。凡诸学术，义精则用愈微，岂独佛法云尔？又复诗歌、小说、音乐、绘画之流，寒不可衣，饥不可食，出不可以应敌，入不可以理民，而皆流衍至今，不闻议废。优人作剧，荡破民财；小说增缘，助发淫事；是之不禁，而以美术相矜。独此瞿昙圣教，便以无用诟之。高下在心，偏颇无艺，亦可知矣。若云人生须臾，百愁所集；惟兹美术，足以解忧，兼能振起幽情，荡

涤烦虑，故有举无废者。斯则佛法破愁，其功倍蓰。伏除烦恼，岂美术之可伦？夫音乐隳心，离则愈苦；淫文导欲，滋益缠绵。佛法断割贪痴，流溢慈惠。求乐则彼暂而此永，据德则此有而彼无。孰应举废，事易知也。又云印度衰亡，咎由佛教。夫国无政治，理不永存，纵令佛法不兴，何与存亡之数？又自戒日以前（戒日王即《唐书》所谓"尸罗逸多"），印度亦能自保，后遭分裂，乃在佛法废绝之年。历史具存，岂得随意颠倒？神州国政，远胜梵方。佛法得存，正可牖民善俗，何有亡灭之忧？若谓慈悲垂教，乃令挞伐不扬，是亦宜征前史。隋、唐隆法之时，国威方盛；宋、明轻佛之世，兵办转衰。至于六代分崩，离为南北。虽则中原势张，江右气弱，华夷内外，等是奉佛之民。此则像法流行，无亏士气审矣。上来三事，分辩已竟。语虽过切，其事是真。诸君寻思此义，破僧灭法之心，庶几调伏。

复有说者，前世人民披剃，无虑规免租庸。唐时寺产不供王税，既亏国计，而亦殊绝齐民。斯李叔明、韩愈辈所为愤嫉。自两税废止以后，赋不计丁。今世寺田，亦复任土作贡。既无可嫉之端，宁得随情勒取？若其缁徒专固，私自营生，自可如法驱摈。所余寺产，令置学林。既皆教养之资，道俗何分厚薄？今者公私学校，纲纪荡然。岂如戒律所拘，尚循轨范。若有专心兴学，其效非难睹也。

陈此区区，言非纳牖。诸君亮其戆直，倘可施行，必若高树见幢，情存憎怨。为法受斫，亦所不辞。若失规劝宗门，指陈邪正，既有专函，此不更述。

佛灭度后二千三百八十四年
广州比丘曼殊、杭州邬波索迦末底同白

南 洋 话

　　衲南巡爪哇二次，目击吾邦父老苦荷人苛法久。爪哇者，即《佛国记》所云耶婆提是。法显纡道经此时，黄人足迹尚未至也。唐、宋以后，我先人以一往无前之概，航海而南，餐风宿雨，辟有蛮荒。迄万历时，华人往前通商者始众，出入俱用元通钱，利息甚厚。乃至今日，华侨人数，即爪哇一岛而论，即达三十余万，蔚为大国矣。谁知荷人蚕食南洋三百年来，以怨报德，利我华人不识不知，施以重重压制。红河之役，复糜吾先人血肉殆尽。今虽子孙不肖，犹未付之淡忘。乃开春中华民国甫成，而荷兰又以淫威戮我华胄，辱我国旗。呜呼，荷兰者，真吾国人九世之仇也！今者当道群公，已与荷政府办严重交涉，固吾新国隳地啼声，应该一试。唯衲更有愿望于群公者，即非废却一切苛法则弗休也。后此当重订商约，遣舰游弋，护卫商民；分派学人，强迫教育，使卖菜佣俱有六朝烟水气，则人谁其侮我者！

　　爪哇野老尝为衲言："昔千余年前，华人缔造末里洞石佛山，工竣，临行，土人依依弗忍遽别，问我华人，'何时复返？'我华人答之曰：'后此当有白奴儿来此，替我经营，我返当以铁为路识之。'"今铁道刚筑至该地，宁非华侨业尽福生之朕耶！

冯春航谈

前夕，亚子要衲往观《血泪碑》一剧。观毕，衲感喟无已。春航所唱西曲，节奏过促，只宜于 Meet me by moon light 之调。又春航数年前所唱西曲，无如今日之美满，实觉竿头日进，剧界前途，大有望于斯人云。

忆曩日观《九袭衣》一剧，衲始而吁哦，继则泪潸潸下透罗巾矣。人谓衲天生情种，实则别有伤心之处耳。

华洋义赈会观

　　昨日午后三时，张园开华洋义赈会，衲往参观。红男绿女，极形踊跃，足征中外众善之慈祥，衲当为苍生重复顶礼，以谢善男善女之隆情盛意也。唯有一事，所见吾女国民，多有奇特装束，殊自得意，以为如此则文明矣。衲敬语诸女同胞，此后勿徒效高乳细腰之俗，当以"静女嫁德不嫁容"之语为镜台格言，则可耳。

讨 袁 宣 言

昔者，希腊独立战争时，英吉利诗人拜伦投身戎行以助之，为诗以励之，复从而吊之曰：

Greece! Change thy lords, thy state is still the same; Thy glorious day is o'er, but not thy years of shame.

呜呼！衲等临瞻故园，可胜怆恻！

自民国创造，独夫袁氏作孽作恶，迄今一年。擅屠操刀，杀人如草；幽、蓟冤鬼，无帝可诉。诸生平等，杀人者抵；人讨未申，天殛不遒。况辱国失地，蒙边夷亡；四维不张，奸回充斥。上穷碧落，下极黄泉；新造共和，固不知今真安在也？独夫祸心愈固，天道愈晦；雷霆之威，震震斯发。普国以内，同起伐罪之师。

衲等虽托身世外，然宗国兴亡，岂无责耶？今直告尔：甘为元凶，不恤兵连祸结，涂炭生灵，即衲等虽以言善习静为怀，亦将起而褫尔之魄！尔谛听之。

燕 影 剧 谈

余羁沪向不观新剧。间尝被校书辈强余赴肇明观《拿破仑》一出。节凑支离，茫无神彩。新剧不昌，亦宜然矣。前数年东京留学者创春柳社。以提倡新剧自命，曾演《黑奴吁天录》《茶花女遗事》《新蝶梦》《血蓑衣》《生相怜》诸剧，都属幼稚，无甚可观，兼时作粗劣语句，盖多浮躁少年羼人耳。今海上梨园所排新戏，俱漫衍成篇；间有动人之处，亦断章取义而已，于世道人心何补毫末？约翰书院某君为余言："青年会有精通英吉利语数君，近亦略习沙士比亚剧曲，将于此土演而行之。"余曰："亦诚善哉！第不知数君将以原文演唱，抑译而出之耶？二者都非其时也。何则？一以国人未尝涉猎域外文学风化；二无善知识，如日本坪内雄藏耳——坪内生平究心沙氏之学，且优于文事者也。燕影肄业早稻田，为燕影教授，又尝观其亲演《丹麦国皇子咸烈德》一出于帝国剧场，——此为沙氏悲剧，畏庐居士所译《吟边燕语·鬼诏》一则，其梗概也。夫以博学多情如坪内尚不能如松雪画马，得其神骏，遑论浅尝者哉？若谓如欧、美士人建设沙氏学会，专攻其业，燕影有厚望焉！"沪上闻改良新剧之声久矣，然其所谓社会教育者，果安在耶？迹彼心情，毋亦以布景胡装，兼浅学诸生抄自东籍诸新名辞，办改良耳。于导世诱民之本旨何与焉？世道衰微，余实为叹！

曩者，友人言新民社剧颇能感人，余昨夕病稍脱体，姑往观之。趣剧名《弃旧怜新》，尚多牵强之处。正剧名《张诚》。亦能描摹社会情态。黄小雅去张诚，声容并茂，出其孝悌之心，所以惩天下之为人继母者。此剧悲欢离合，正近情理。能令人喜怒哀乐。以新民社诸君俱有憨人之至意，相彼昧者，其有昭乎！闻有《恶家庭》一剧，为乐风君杰作，余病未能往观。普愿沪上善男善女，莫以新剧尽不合时宜而忽之可耳。燕影自惜贫如潦水之蛙，不能缔造一新剧院于沪渎也！欧、美剧曲，多出自诗人之手；吾国风人，则仅能为歌者一人标榜，大有甘隶妆台之意。此今日梨园名角贾碧云、梅兰芳、冯春航、毛韵珂之所以得党魁之目也！

　　燕影亦尝于彦通席上，为诗以赠碧云，有"江南谁得似，犹忆李龟年"之句。余以碧云温文尔雅，故云，非如小凤之以梅郎为天仙化人。谁料旬日之间，友人咸称我为"贾党"。亦奇矣！文人好事，自古已然，若夫强作知音，周郎自命，乃增缘导欲之事，其智反在梅、贾、冯、毛之下矣！

燕子龛随笔

一

英人诗句，以雪莱（原译师梨）最奇诡而兼流丽。尝译其《含羞草》一篇，峻洁无伦，其诗格盖合中土义山、长吉而熔冶之者。曩者英吉利莲华女士以《雪莱诗选》（原译《师梨诗选》）媵英领事佛莱蔗于海上，佛子持贶蔡八，蔡八移赠于余。太炎居士书其端曰："师梨所作诗，于西方最为妍丽，犹此土有义山也。其赠者亦女子，辗转移被，为曼殊阇黎所得。或因是悬想提维，与佛弟难陀同辙，于曼殊为祸为福，未可知也。"

二

作《寒山图》，录寒山诗曰："闲步访高僧，烟山万万层。师亲指归路，月挂一轮灯。"

三

废寺无僧，时听堕叶，参以寒虫断续之声。乃忆十四岁时，奉母村居。隔邻女郎手书丹霞诗笺，以红线系蜻蜓背上，使徐徐飞入余窗，意似怜余蹭蹬也者。诗曰："青阳启佳时，白日丽旸谷。新碧映郊穰，芳蕤缀林木；轻露养篁荣，和风送芬馥。密叶结重阴，繁华绕四屋。万汇皆专与，嗟我守茕独。故居久不归，庭草为谁绿？览物叹离群，何以慰心曲！"斯人和婉有仪，余曾于月下一握其手。

四

《世说》："南阳宗世林与曹操同时，而薄其为人，不与之交。及操作司空，总朝政，从容问宗曰：'可以交未？'答曰：'松柏之志犹存。'"香山句云："乃知择交难，须有知人明。莫将山上松，结托水上萍。"

五

谭嗣同《寥天一阁文》，奇峭幽洁。《古意》两章，有弦外音，曰："鳞鳞日照鸳鸯瓦，姑射仙人住其下。素手闲调雁柱筝，花雨空向湘弦洒！""六幅秋江曳画缯，珠帘垂地暗香凝，春风不动秋千索，独上红楼第一层。"

尝闻仁山老居士言：嗣同顶甚热，严冬亦不冠云。

六

寄刘三白门二绝句："玉砌孤行夜有声，美人泪眼尚分明。莫愁此夕情何限，指点荒烟锁石城。""生天成佛我何能，幽梦无凭恨不胜。多谢刘三问消息，尚留微命作诗僧。"

七

"山斋饭罢浑无事，满钵擎来尽落花。"此境不足为外人道矣。

八

余年十七，住虎山法云寺。小楼三楹，朝云推窗，暮雨卷帘，有泉，有茶，有笋，有芋。师父居羊城，频遣师兄馈余糖果、糕饼甚丰。嘱余端居静摄，毋事参方。后辞师东行，五载，师父圆寂，师兄不审行脚何方，剩余东飘西荡，匆匆八年矣。偶与燕君言之，不觉泪下。

九

"艳女皆妒色，静女独检踪。任礼耻任妆，嫁德不嫁容。君子易求聘，小人难自从。此志谁与谅？琴弦幽韵重。"此孟郊《静女吟》也。今也吾国长妇姹女，能竞侈邪，又奚望其有反朴还淳之日哉！

一〇

昔人卖子句云："生汝如雏凤，年荒值几钱？此行须珍重，不比阿娘边。"又女致母诗云："挑灯含泪叠云笺，万里缄封寄可怜。为问生身亲阿母，卖儿还剩几多钱？"二诗音节哀亮，不忍卒读。昔陶渊明遣一仆与其子，兼作书诫其子曰："此亦人子，须善遇之。"所谓'不独亲其亲，不独子其子'也。记朱九江先生绝句云："新茶煮就手亲擎，小婢酣眠未忍惊。记否去年扶病夜，泪痕和药可怜生？"风致洒然。

一一

明末有《童谣》曰："职方贱如狗，都督满街走。"不图今日沪上所见，亦复如是。

一二

兵所以卫民，于此土反为民害，真不详之物也。力田《今乐府》有《梳篦谣》曰："东家抱儿窜，西家携妇奔。贼来犹可活，兵来愁杀人！况闻府帖下，大调土司兵。此物贪且残，千里无居民。掠人持作羹，析屋持作薪。莫言少为贵，国威尝见轻，无功害尚小，有功忧更深。问谁作俑者？必有林中丞。萧条爱子国，城郭为荆榛。贼如梳，兵如篦。猡狪来，更如剃。保宁贼未除，霸州贼又炽。买马须快剑须利，从今作贼无反计。"读之令人扼腕抚膺。

一三

十二月望日行抵摩梨山，古寺黄梅，岁云暮矣。翌晨遇智周禅师于灶下，相对无言，但笑耳。师与余同受海云大戒，工近体，俱幽忆怨断之音。寺壁有迦留陀夷尊者画相。是章侯真迹。

一四

张娟娟偶于席上书绝句云："维摩居士太昌狂，天女何来散妙香！自笑神心如枯木。花枝相伴也无妨。"娟娟语余："是敬安和尚作。"余曰："和尚一时兴致之语，非学吞针罗什。"敬安和尚即寄禅，有《八指头陀集》。

一五

黄仲则"如此星辰非昨夜，为谁风露立中宵？"是想少情多人语。
泰西学子言："西人以智性识物，东人以感情悟物。"

一六

山寺中北风甚烈，读《放翁集》，泪痕满纸，令人心恻。最爱其"衣上征尘杂酒痕，远游无处不销魂。此身合是诗人未？细雨骑驴入剑门"一绝。尝作《剑门图》悬壁间，翌日被香客窃去。

一七

十一月十七日病卧缠垣精舍，仁山老檀越为余言秦淮马湘兰证果事甚详。近人但优作裙带中语，而不知彼姝生天成佛也。

一八

南雷有言："人而不甘寂寞，何事不可为"、"笼鸡有食汤刀近，野鹤无粮天地宽"二语，特为今之名士痛下针砭耳。

一九

苏格兰雪特君为余言："欧人有礼仪之接吻（Conventional Kiss），有情爱之接吻（Emotionsal Kiss）。"

二〇

《旧约全书》，在纪元前四百五十八年及四百五十年间伊萨罗氏所辑，千四百八十八年意大利始刊行《希布罗经典全集》。

二一

穆罕默德（原译玛哈默德）本麦加产，少时家贫，佣于嫠妇赫蒂彻（原译开池育）家。开氏敬其为人正直无私，遂嫁之，因而得广交游。至埃及、叙利亚等地，受犹太、基督两教感化。归而隐退山中，住心观净，至四十岁始下山，自立一教曰伊斯兰（原译于思兰）。伊斯兰者，此云'随顺'。倡宇宙一神论，著《可兰经典》。

二二

春序将谢，细雨帘纤，展诵《拜伦集》（原译《裴轮集》）："What is wealth to me? —It may pass in an hour"，即少陵"富贵于我如浮云"句也。"Comprehened, for without transformation, Men become wolves on any slight occason"，即靖节"多谢诸少年，相知不忠厚，意气倾人命，离隔复何有"句也。"As those who dote on odours pluck the flowers, and place them on their

breast, but place to die"，即李嘉佑"花间昔日黄鹂啭，妾向青楼已生怨，花落黄鹂不复来，妾老君心亦应变"句也。末二截词直怨深，十方同感。

二三

金堡祝发后，住吾粤丹霞寺，著有《偏行堂集》《临清诗》等。昔余行脚至红梅驿破寺龛傍，见手抄《澹归和尚诗词》三卷，心窃爱之，想是行客暂为寄存，余不敢携去。犹记其《贻吴梅村》一律，大义凛然，想见其为人矣。诗曰："十郡名贤请自思，座中若个是男儿？鼎湖难挽龙髯日，鸳水争持牛耳时，哭尽冬青徒有泪，歌残凝碧竟无诗。故陵麦饭谁浇取？赢得空堂酒满鲐。"读此，当日名贤，可知也已。

二四

朱舜水墓，在日本茨城县久慈郡瑞龙山上。舜水没数年，有张斐者，慕舜水高义，追踪而至，为文以祭之。斐字非文，著有《莽苍园文稿》，水藩梓以行世。后太炎重为排比，始得流转中土。今日人已将《舜水全集》刊行，所谓饮水思源者也。忆舜水五古一首云："九州如瓦解，忠信苟偷生。受诏蒙尘际，晦迹到东瀛。回天谋未就，长星夜夜明。单身寄孤岛，抱节比田横。已闻鼎命革，西望独吞声。"其当日眷怀君国之志，郁而不申，可哀也已。

二五

日人称人曰"某样"，犹"某君"也。此音本西藏语，日人不知也。

二六

相传达磨至震旦，初入南海，有士人捧《四书》进。达磨不识华文，但以鼻嗅之，旋曰："亦诚善哉，直是非而已。"

二七

余尝托晦闻倩如如居士刊石印一方，文曰："我本将心向明月，谁知明月照沟渠。"燕君谓我结习未忘。燕君者，通州沈一梅，方正之士也，肄业美国惠斯康新大学。

二八

海园，湘南曹氏子，天赋诗才，不幸短命。十四岁工艳体，有仙气，非寿征。十九岁牧牛村外，失足溺死。余仅忆其："滴翠满身弹竹露，落红双屐印苔泥"、"乐谱暗翻《金缕曲》，食单亲检水晶糖"数句而已。

二九

日本"尺八"，状类中土洞箫，闻传自金人。其曲有名《春雨》，阴深凄惘。余《春雨》绝句云："春雨楼头尺八箫，何时归看浙江潮？芒鞋破钵无人识，踏过樱花第几桥？"

三〇

赵百先少有澄清天下之志，余教习江南陆军小学堂时，百先为新军第三标标统，始与相识，余叹为将才也。每次过从，必命兵士携壶购板鸭黄酒。百先豪于饮，余亦雄于食，既醉，则按剑高歌于风吹细柳之下，或相与驰骋于龙蟠虎踞之间，至乐也。别后作画，请刘三为题定庵绝句赠之曰："绝域从军计惘然，东南幽恨满词笺。一箫一剑平生意，负尽狂名十五年。"

三一

梵语"比多"云"父"，"莽多"云"母"，"婆罗多"云"兄弟"，

"先谛罗"云"石女","末陀"云"蒲桃酒","摩利迦"云"次第花",以及东印度人呼"水"曰"鬱特",与英吉利音义并同之语甚多。拉丁出自希腊,希腊导源于"散斯克烈多"(Sanskrit),非虚语也。

三二

刘三工诗善饮,余东居,画《文姬图》寄之。病禅为余题飞卿句云:"红泪文姬洛水春,白头苏武天山雪。"刘三以六言三章见答,其一云:"白头天山苏武,红泪洛水文姬,喜汝玉关深入,将安寘此胡儿?"其二云:"东瀛吹箫乞者,笠子压到眉梢。记得临觞呜咽,匆匆三日魂销。"其三云:"'支那'音非'秦'转,先见《婆罗多诗》。和尚而定国号,国无人焉可知!"又贻余绝句云:"早岁耽禅见性真,江山故宅独怆神。担经忽作图南计,白马投荒第二人。"时余有印度之行也。

三三

英吉利语与华言音义并同者甚众,康奈尔大学教授某君欲汇而成书,余亦记得数言以献,如"费"曰"Fee","诉"曰"Sue","拖"曰"Tow","理性"曰"Reason","路"曰"Road","时辰"曰"Season","丝"曰"Silk","爸爸"曰"Papa","爹爹"曰"Daddy","妈妈"曰"Mamma","簿",曰"Book","香"曰"Scent","圣"曰"Saint","君"曰"King","蜜"曰"Mead","麦"曰"Malt","芒果"曰"Mango","祸"曰"Woe","先时"曰"Since","皮"曰"Peel","鹿"曰"Roe","夸"曰"Quack","诺"曰"Nod","礼"曰"Rite","赔"曰"Pay",而外,鸡鸣犬吠,均属谐声,无论矣。

三四

张宪《崖山行》云:"三宫衔璧国步绝,烛天炎火随风灭,间关海道续萤光,力战崖山犹一决。"余恒诵之。曩作《崖山奇石壁图》,太炎为录陈元孝诗曰:"山木萧萧风更吹,两崖云雨至今悲。一声杜宇啼荒殿,十载愁人拜古祠。海水有门分上下,江山无地限华夷。停舟我亦艰难日,愧

近代名人文库精粹

向苍苔读旧碑。"风人之旨，令人黯然。

三五

崇正末年，流寇信急，上日夜忧勤。一夕，遣内臣易服出禁，探听民间消息。遇一测字者，因举一"友"字询之。测字者问："何事？"曰："国事。"测字者曰："不佳，反贼早出头矣。"急改口曰："非此'友'字，乃'有'字。"曰："更不佳，大明已去其半矣。"又改口曰："非也，申西之'西'耳。"曰："愈不佳，天子为至尊，至尊已斩头截脚矣。"内臣咋舌而还。

三六

曩羁秣陵，李道人为余书泥金扇面曰："文殊师利白佛言，'世尊，何故名"般若波罗蜜"？'佛言：'般若波罗蜜'"二十四字，并引齐经生及唐人书经事。余许道人一画，于今十载，尚未报命，以余画本无成法故耳。

三七

草堂寺维那，一日叩余曰："披剃以来，奚为多忧生之叹耶？"曰："虽今出家，以情求道，是以忧耳。"

三八

Spenserian Verse，译云："冒头短章"。古代希腊、拉丁诗家优为之，亦犹梵籍发凡之颂也。

三九

"偈"即梵音"伽陀"，又云"偈陀"，唐言"颂"，译云"孤起"。

《妙玄》云："不重颂名'孤起'，亦曰'讽颂'。"姚秦鸠摩罗什有《赠沙门法和十偈》，唐人多效之。

四〇

阿耨窣睹婆，或输卢迦波，天竺但数字满三十二即为一偈。号阿耨窣睹婆偈。"蕴驮南"者，此云"集施颂"，谓以少言摄集多义，施他诵持。

四一

楼子师不知何许人，亦不知其名氏，一日偶经游街市，于酒楼下整袜带次，闻楼上某校书唱曲云："汝既无情我便休。"忽然大悟。因号"楼子"焉。

四二

余至中印度时，偕二三法侣居芒碣山寺。山中多果树，余每日摘鲜果五六十枚啖之。将及一月，私心窃喜，谓今后吾可不食人间烟火矣。惟是六日一方便，便时极苦，后得痢疾。乃知去道尚远，机缘未至耳。

四三

缅人恶俗极多，有种族号曰"浸"，居于僻野之山社。凡遇其父母年岁老者，筑台一座甚高，恭请老人登其上，而社中幼壮男女相率而歌舞于台下，老人从台上和之，至老人乐极生狂，忘其在台上歌舞，跌下身死，则以火焚葬之，谓老人得天神之召，为莫大之荣幸云。

四四

桐城方氏维仪，年十七，寡居，教其侄以智，俨如人师，君子尚其志焉。其五律一章云："孤幼归宁养，双亲丧老年。衰容如断柳，薄命似浮烟。诗调凄霜鬓，琴心咽冻天。萧萧居旧馆，错记是从前。"想见其遭时多难也。

四五

《佛国记》：耶婆堤，即今爪哇。万历时华人至爪哇通商者已众，出入俱用元通钱，利息甚厚。而今日华侨人口已达八十余万，自生自灭，竟不识祖国在何方向。

四六

末里洞有人造石山高数十丈，千余年物耳。其中千龛万洞，洞有石佛，迂回曲折，层出无穷。细瞻所刻石象较灵隐寺飞来峰犹为精美。询之土人，云此石山系华人所造。日噫水城为南洲奇迹，亦中土人所建。黄子肃芳约余往游，以病未果也。

四七

土人称荷兰人曰"敦"，犹言"主"也。华人亦妄效呼之，且习土人劣俗。华人土生者曰"哗哗"，来自中土者曰"新客"。

四八

梭罗为首都，其酋居焉，酋出必以夜，喜以生花缀其身，画眉傅粉，侍从甚盛，复有弓箭手。酋子性挥霍，嗜博饮，妻妾以数十，喜策肥马出行，傅粉涂脂，峨峨云髻，状若好女焉。酋之嫔妾，皆席地卧起，得幸而有孕者，始得赐以床缛。宫人每日给俸若干，使自操井臼。宫中见酋，无论男女，皆裸上体，匍匐而前，酋每一语毕，受命者必合掌礼拜，退时亦蛇行也。

四九

余巡游南洲诸岛，匆匆二岁，所闻皆非所愿闻之事，所见皆非所愿见之人。茫茫天海，渺渺余怀。太炎以素书兼其新作《秋夜》一章见寄，谓居士深于忧患；及余归至海上，居士方持节临边，意殊自得矣。

五〇

塞典堡植物园，其宏富为环球第一。有书藏，藏书二十余万，均是西籍。余以《大乘起信论》寄之。

五一

自巴厘巴板（原译巴利八版）出石叻，途次多悲感。晦闻见寄七律，温柔敦厚，可与山谷诗并读。诗云："四载离惊感索居，似君南渡又年余。未遗踪迹人间世，稍慰平安海外书。向晚梅花才数点，当头明月满前除。绝胜风景怀人地，回首江楼却不如。"后一年，余经广州，留广雅书院，一醉而去。抵日本，居士复追赠一律云："五年别去惊初见，一醉殊辜万里来。春事阴晴到寒食，故人风雨满离杯。拈花众里吾多负，取钵人间子未回。自有深深无量意，岂堪清浅说蓬莱！"居士有兼葭楼，余作《风絮美人图》寄之。

五二

印度气候本分三季：热季，雨季，凉季。昔者文人好事，更分二阅月为一季，岁共六季：曰"伐散多"为春季，曰"佉离斯磨"为夏季，曰"缚舍"为雨季，曰"萨罗陀"为秋季，曰"诃伊漫多"为冬季，曰"嘶嘶逻"为露季。

五三

印度"Mahabrata"、"Ramayana"两篇，闳丽渊雅，为长篇叙事诗，欧洲治文学者视为鸿宝，犹"Iliad"、"Odyssey"二篇之于希腊也。此土向无译述，唯《华严疏钞》中有云：《婆罗多书》《罗摩延书》，是其名称。二诗于欧土早有译本，《婆罗多书》以梵土哆君所译最当，英儒马格斯牟勒（Max Müller）序而行之，有见虎一文之咏。

五四

迦梨陀娑（Kalidasa，原译迦梨达舍），梵土诗圣也，英吉利骚坛推之为"莎士比亚"（原译天竺沙士比尔）。读其剧曲《沙恭达罗》（"Sakoon-tala"，原译《沙君达罗》），可以觇其流露矣。

五五

《沙恭达罗》（原译《沙君达罗》），英文译本有二：一、William Jones译；一、Monier Monier – Williams译。犹《起信论》有梁、唐二译也。

五六

《摩诃婆罗多》《罗摩延》二篇，成于吾国商时。篇中已有"支那"国号，近人妄谓"支那"为"秦"字转音，岂其然乎！

五七

印度古代诗人好以莲花喻所欢，犹苏格兰诗人之"Red Red Rose"，余译为《颖颖赤蔷薇》五古一首，载《潮音集》。

波斯昔时才子盛以蔷薇代意中人云。

五八

"涉江采芙蓉","芙蓉"当译 Lotus，或曰 Water lily，非也。英人每译作 Hibiscus，成木芙蓉矣！木芙蓉梵音"钵磨波帝"，日中王夫人取此花为小名。

五九

中土莲花仅红、白二色，产印度者，金、黄、蓝、紫诸色俱备，唯粉白者昼开夜合，花瓣可餐。诸花较中土产大数倍，有异香，《经》云"芬陀利花"是已。

梵语，人间红莲花之上者曰"波昙"。

六〇

梵土古代诗人恒言："手热证痴情中沸。"沙士比亚有句云："Give me your hand：this hand is moist，my lady - hot，hot，and moist."（见"Othello，Act Ⅲ. Scene 4"）

六一

伽摩（Kama）者，印度情爱尊天，貌极端美，额上有金书，字迹不可辨。手持弓，以蔗干为之，蜜蜂联比而成弦。又持五矢，矢尖饰以同心花，谓得从五觉贯入心坎。腰间系囊二，用麻布制之，实以凌零香屑。其旗画海妖状，相传尊天曾镇海妖云。余随婆罗门大德行次摩俱罗山，于散陀那古庙得瞻礼一通。散陀那者，译言"流花"。

六二

　　秦淮青溪上有张丽华小祠，不知何代初建，至今圯迹犹存。新城王士祯有诗云："璧月依然琼树枯，玉容犹似忆黄奴。过江青盖无消息，寂寞青溪伴小姑。"二十八字，可称吊古杰作。《后庭花》唱乐，天下事已非，当年风景，亦祸苍生之尤者耳。

冬　日

师梨　作

孤鸟栖寒枝，悲鸣为其曹。
池水初结冰，冷风何萧萧？
荒林无宿叶，瘠土无卉苗，
万籁尽寥寂，惟闻喧桔槔。

颖颖赤墙靡

罗伯脱·彭斯　作

颖颖赤墙靡，首夏初发苞。
侧侧清商曲，眇音何远姚？

予美谅夭绍，幽情申自持。
仓海会流枯，相爱无绝期。

仓海会流枯，顽石烂炎熹，
微命属如缕，相爱无绝期。

掺袪别予美，离隔在须臾。
阿阳早日归，万里莫踟蹰。

去　燕

豪易特　作

燕子归何处，无人与别离。
女行篓谁见，谁为感差池。

女行未分明，蹀躞复何为？
春声无与和，呢喃欲语谁？

游魂亦如是，蜕形共驱驰。
将翱复将翔，随女天之涯。

翻飞何所至，尘寰总未知，
女行谅自适，独我弃如遗。

苏格兰南古墓

华兹华斯　作

湍流击断岸，累累厓上坟。
篱落心编棘，背山纳野云。
径苔日以长，麏麚窜失群。
山鬼化美人，芳草遗红巾。
昔年大秦寺，零落埋荆榛。
偶见伤心者，苦语浪浪陈。
哀音振空谷，谷芳惨不春。
墓无古王侯，顽石刻将军。
我来吊英雄，到此足逡巡。
愁狄坠瘦果，妖鸟语丛筠。

莫忆从前事，人间又夕曛。

最后之玫瑰

摩亚 作

长夏发玫瑰，至今只剩汝。
汝境绝凄凉，四顾罕旧侣。
旧花无复存，新花不再吐。
长叹无和者，往事向谁语。

留汝在枝头，徒有离索苦。
汝友尽长眠，留汝亦奚补。
殷勤摘汝下，置汝安乐土。
从此敛荣华，暗然以终古。

俯仰罕相知，何如从汝去。
爱环丧其珍，思义无所附。
故旧尽凋零，妻儿在墟墓。
宇宙已破残，谁愿彼中往。

赞 大 海

拜伦 作

皇涛澜汗，灵海黝冥。
万艘鼓楫，泛若轻萍。
芒芒九围，每有遗虚，
旷哉天治，匪人攸居。
大器自运，振荡噢夆，
岂伊人力，赫彼神工。

罔象乍见，决舟没人，
狂暴未几，遂为波臣。
掩体无棺，归骨无坟，
丧钟声嘶，逖矣谁闻。
谁能乘眸？履涉狂波？
藐诸苍生，其奈公何？
泱泱大风，立懦起罢，
兹维公功，人力何衰？
亦有雄豪，中原陵厉，
自公胸中，擒彼空际。
惊浪霆奔，慑魂慺神，
转侧张皇，冀为公怜。
腾澜赴厓，载彼微体，
抃溺含弘，公何岂弟。

摇山撼城，声若雷霆，
王公黔首，莫不震惊。
赫赫军艘，亦有浮名，
雄视海上，大莫与京。
自公视之，藐矣其形，
纷纷溶溶，旋入沧溟。
彼阿摩陀，失其威灵，
多罗缚迦，壮气亦倾。

傍公而居，雄国几许？
西利俵维，希腊罗马。
伟哉自由，公所锡予，
君德既衰，耗哉斯土，
遂成遗虚，公目所睹。
以敖以娱，瀄回涛舞，
苍颜不皱，长寿自古。
渺弥澶漫，滔滔不舍。

赫如阳燧，神灵是鉴，
别风淮雨，上临下监。
扶摇羊角，溶溶澹澹，
北极凝冰，赤道淫滥，
浩此地镜，无裔无襜。
圆形在前，神光夆闪，
精彪变怪，出尔泥淰。
回流云转，气易舒惨，
公之淫威，忽不可验。

苍海苍海，余念旧恩。
儿时水嬉，在公膺前。
拂波激岸，随公转旋。
淋淋翔翔，媵余往还，
涤我胸臆，慑我精魂。
惟余与女，父子之亲，
或近或远，托我元身。
今我来斯，握公之鬒。

去 国 行

拜伦　作

行行去故国，濑远苍波来。
鸣湍激夕风，沙鸥声凄其，
落日照远海，游子行随之，
须臾与尔别，故国从此辞。

日出几刹郿，明日瞬息间。
海天一清啸，旧乡长弃捐。
吾家已荒凉，炉灶无余烟。
墙壁生蒿藜，犬吠空门边。

童仆尔善来，恫哭亦胡为？
岂惧怒涛怒，抑畏狂风危。
涕泗勿滂沱，坚船行若飞，
秋鹰宁为疾，此去乐无涯。

童仆前致辞：敷衽白丈人，
风波宁足惮，我心谅苦辛，
阿翁长别离，慈母平生亲，
茕茕谁复顾，苍天与丈人。

阿翁祝我健，殷勤尚少怨。
阿母沉哀恫，嗟犹来无远。
童子勿复道，泪注盈千万。
我若效童愚，流涕当无算。

火伴尔善来，尔颜胡惨白？
或惧法国仇，抑被劲风赫？
伙伴前致辞：吾生岂惊迫，
独念闺中妇，颜容定枯瘠。

贱子有妻孥，随公居泽边。
儿啼索阿爹，阿母心熬煎。
伙伴勿复道，悲苦定何言，
而我薄行人，狂笑去悠然。

谁复信同心，对人伴叹息，
得新已弃旧，媚目生颜色。
欢乐去莫哀，危难宁吾逼，
我心绝凄怆，求泪反不得。

悠悠仓浪天，举世无与忻，
世既莫吾知，吾岂叹离群？

路人饲吾犬，哀声或猎猎，
久别如归来，啮我腰间裈。
帆樯汝努力，横趄幻泡潆，
此行任所适，故乡不可期。
欣欣波涛起，波涛行尽时，
欣欣荒野窟，故国从此辞。

答美人赠束发毡带诗

拜伦　作

何以结绸缪？文纰持作绲。
曾用系卷发，贵与仙蜕伦。

系着罗衣里，魂魄还相牵。
共命到百岁，殉我归重泉。

朱唇一相就，沦液皆芬香，
相就不几时，何如此意长。

以此俟偕老，见当念旧时。
挚情如根荄，勾萌无绝期。

参发乃如铣，波文映珍鬒。
蟒首一何佼，举世无与易。

锦带约鬇髻，朗若炎精敆。
赤道晏无云，光景何鲜晫？

星耶峰耶俱无生

拜伦　作

星耶峰耶俱无生，浪撼沙滩岩滴泪。
围范茫茫宁有情？我将化泥溟海出。

留别雅典女郎

拜伦　作

夭夭雅典女，去去伤离别。
还侬肺与肝，为君久摧折。
薰修始自今，更缔同心结。
临行进一辞，吾生誓相悦。

鬌发未及笄，九曲如肠结。
垂睫水精帘，秋波映澄彻。
骈首试香腮，花染胭脂雪。
慧眼双明珠，吾生誓相悦。

朱唇生异香，猥近侬情切。
锦带束纤腰，中作鸳鸯结。
撷花遗所思，微妙超言说。
痴爱起悲欢，吾生誓相悦。

夭夭雅典女，侬去影形灭。

会当寂聊时，相念毋中绝。
侬身不可留，驰驱向突厥。
魂魄持赠君，永与柔肠结。
此情无穷期，吾生誓相悦。

哀 希 腊

拜伦　作

巍巍希腊都，生长奢浮好。
情文何斐斐，荼辐思灵保。
征伐和亲策，陵夷不自葆。
长夏尚滔滔，颓阳照空岛。

摩诃与谛诃，词人之所生。
壮士弹坎侯，静女揄鸣筝，
荣华不自惜，委弃如浮萍。
宗国寂无声，乃向西方鸣，

山对摩罗东，海水在其下。
希腊如可兴，我从梦中睹。
波斯京观上，独立向谁语？
吾生岂为奴，与此长终古。
名王踞岩石，雄视沙逻滨，
船师列千艘，率土皆其民。
晨朝大点兵，至暮无复存。
一为亡国哀，泪下何纷纷。

故国不可求，荒凉问水滨。
不闻烈士歌，勇气散如云。
琴兮国所宝，仍世以为珍。
今我胡疲苶，拱手与他人。

威名尽坠地，举族供奴畜，
知尔忧国土，中心亦以恶。
而我独行谣，我犹无面目，
我为希人羞，我为希腊哭。

往者不可追，何事徒频蹙？
尚念我先人，因兹糜血肉。
冥冥蒿里间，三百斯巴族。
但令百余一，堪造披丽谷。

万籁一以寂，仿佛闻鬼喧。
鬼声纷飚飚，幽响如流泉。
生者一人起，导我赴行间。
槁骨徒为尔，生者默无言。

徒劳复徒劳，我且调别曲。
注满杯中酒，我血胜灵渌。
不与突厥争，此胡本游牧。
嗟尔俘虏馀，酹酒颜何恶。

王迹已陵夷，尚存羽衣舞。
鞞庐方阵法，知今在何许。
此乃尔国故，散糜随尘土。
伟哉佉摩书，宁当诒牧圉。

注满杯中酒，胜事日以堕。
阿邮有神歌，神歌今始知。
曾事波利葛，力能绝天维。
雄君虽云虐，与女同本支。

羯岛有暴君，其名弥尔底。
阔达有大度，勇敢为世师。

今兹丁末造，安得君如斯？
束民如连锁，岂患民崩离。

注满杯中酒，倏然怀故山。
峨峨修里岩，汤汤波家湾。
綮彼陀离种，族姓何斑斑，
倘念希罗嘎，龙胤未凋残。

莫信法郎克，人实诳尔者。
锋刃藏祸心，其王如商贾。
骄似突厥军，黠如罗甸虏，
尔盾虽彭亨，击碎如破瓦。

注满杯中酒，槲下舞婆娑。
国耻弃如遗，靓妆犹娥娥。
明眸复善睐，一顾光娄离。
好乳乳奴子，使我涕滂沱。

我立须宁峡，旁皇云石梯，
独有海中潮，伴我声悲嘶。
愿为摩天鹄，至死鸣且飞。
碎彼娑明杯，俘邑安足怀？